明日話したくなる
元号・改元

清水書院

はじめに

　1868年に元号が「慶応」から「明治」に変えられるとともに一世一元の制に改められて以来、およそ150年後の平成31年（2019）、天皇の生前退位が初めて行われました。それにともなって元号が改まることとなり、普段はあまり意識しない「元号」について、多くの人の関心が集まっています。
　そもそも元号（年号）によって年を数えることは、約2000年前の中国で始められました。その後、日本をはじめとする東アジア諸国でも採用されたのですが、本家の中国でも年号の使用は断絶し、現在では世界でただ一国、日本だけが元号を使用しています。

　欧米諸国ではキリスト教暦、イスラーム諸国ではイスラーム暦、イスラエルではユダヤ暦など、それぞれの国の伝統や宗教によってさまざまな暦が用いられていますが、これらは歴史上のある重要なことがらを起点（始まり）として、1年、2年、3年、…と永続的に年を数える方法です（キリスト教暦は西暦として、多くの国で使用されています）。
　元号の場合も、ある年を起点として1年、2年と年を数えますが、西暦などとは大きく異なります。それは、元号には「改元」があり、改元からまた改めて1年、2年と年を数えることです。これが元号制の最大の特徴です。
　日本では、この元号を公文書に使用することが奈良時代より前の8世紀初めに定められ、それ以来1300年あまり、元号制が日常的に運用されているのです。現代まで、途切れずに続いているという事実に、改めて元号への驚きと「歴史」を感じ取ることができるでしょう。

　「平成」に代わって「令和」が新元号として用いられることをきっかけに、改めて元号の歴史をひもといてみるのはいかがでしょうか。この本で紹介するたくさんの元号制定の理由やエピソードから、元号がどのようなものであるかを知り、改めて元号について考えてみることは、日本の伝統や文化といったものを、少し違った観点から切り取ってみることにつながるのではないでしょうか。この本がその手がかりになることを願ってやみません。

著者しるす

目次 CONTENTS

はじめに ……………………………………………………………………… 3
エピソード 0 日本の古典文学を典拠とする新元号「令和」……………… 6
プロローグ～元号を知ろう！～ ……………………………………… 10

第1部 明日話したくなる　元号・改元の歴史

エピソード 1 「元号を改める」から「改元」なのではない！ …………… 14
エピソード 2 「おめでたいできごと」を記念して年号制は始まった!? … 18
　　コラム　独自の年号は独立国としての宣言？ ………… 23
　　コラム　「白鳳」と「白雉」………… 25
エピソード 3 天皇が代わると年号が変わる～代始改元～ ……………… 26
エピソード 4 何かが起こると年号が変わる～災異改元～ ……………… 30
　　①『方丈記』に記された災異改元 ………… 33
　　②彗星出現による改元 ………… 36
　　③地震による改元 ………… 38
　　コラム　地震のメカニズム ………… 41
エピソード 5 良いことが起こる前触れで年号が変わる～祥瑞改元～ … 42
　　①白雉の出現による改元 ………… 46
　　②金や銅の発見による改元 ………… 48
　　③醴水の発見による改元 ………… 51
　　④めずらしい亀による改元 ………… 52
エピソード 6 何かが起こるかもしれないので年号を変える～革年改元～ … 56
　　コラム　日本最初の皆既日食観測 ………… 59
エピソード 7 2文字だけじゃなくて4文字の年号もある！ …………… 60
　　コラム　則天武后と4文字の年号 ………… 65
エピソード 8 年号が2つある時期がある！ ……………………………… 66
　　コラム　年号案を提案するのは菅原道真の子孫？ ………… 71
エピソード 9 日本は中国の支配下にある？～中国と同じ年号を使った足利義満～ … 72
　　コラム　中国の紀年法 ………… 76
　　コラム　中国の年号 ………… 77

エピソード 10	江戸時代の改元は幕府が決めた？ ………… 78
	コラム　山の名前に残る年号 ………… 84
	コラム　日の目を見なかった年号候補 ………… 85

エピソード 11	江戸の庶民が皮肉った年号とは？ ………… 86

エピソード 12	「一世一元の制」が成立したのは明治になった時？ ………… 90
	コラム　くじ引きで決められた「明治」 ………… 94
	コラム　年号はどうやって決められていたのか？ ………… 95

エピソード 13	元号の法制化は国民的な盛り上がりで実現した！ ………… 96
	コラム　元号を先取りしていた地名 ………… 99

エピソード 14	「平成」の改元は初めてだらけ！ ………… 100
	コラム　平成改元の台紙の鑑定価格 ………… 101
	コラム　「平成」という言葉の意味 ………… 103

エピローグ～君も明日から～ ………… 104

第2部　明日話したくなる元号に関する資料

資料1	元号に使われた漢字ランキング ………… 106
資料2	元号を用いた歴史用語 ………… 120
資料3	元号一覧 ………… 132
資料4	天皇系図 ………… 142

凡　例

○ 本書の特徴は、使用したエピソードの多くを、文献史料に基づいて書いていることです。それらの史料はほとんどが古い文献ですから、現代の私たちには理解しにくいものがたくさんあります。比較的わかりやすく短い史料については、本文中に取り込んで引用していますが、長くて字句などが難しいものについては、現代語訳で示しました。

○ 本書は研究目的の本ではありませんから、史料を引用するに当たっては、史料の厳密な正確さよりもわかりやすさを優先し、表記を改めた部分があります。ただし、あくまで意味を理解しやすいように、漢字を仮名にしたり、仮名に漢字を当てはめたりしているだけで、文そのものを改めることはありません。

○ 漢文は、書き下し文に直しました。漢字と片仮名交じりの文は、片仮名を平仮名に直しました。

○ 日本の古典文学には平仮名ばかりの文が多いのですが、かえって意味がわかりにくい場合があるので、平仮名の表記を適宜漢字に直しました。

○ 現在は「元号法」という法律があるので、「元号」が正式な名称ですが、「元号」が正式に用いられるようになったのは明治22年以後のことで、それ以前は「年号」が正式な名称でした。そのため本書では、他国のエピソードと明治時代の半ば以前は「年号」、以後は「元号」として表記を使い分けました。

エピソード 0

日本の古典文学を典拠とする新元号「令和」

❖ 新元号「令和」の意義とは

　平成31年4月1日、新年度が始まるという日に、5月1日から行われる**新元号が「令和」と発表されました**。この新元号には2つの大きな意義があります。
　1つは、**憲政史上初の生前退位により生まれた元号**であるということです。明治維新に「一世一元の制」が確立されて以来、改元はすべて天皇の死去にともなうものでした。これまでで生前譲位（退位）をした最後の例は江戸時代後期、1817年の光格天皇でしたから、**譲位（存命中に位を譲ること）による新元号は、約200年ぶりのことになります**。

❖ 日本の古典文学を典拠とした

　もう1つの意義は、**元号が初めて日本の古典から選ばれたこと**です。しかも、これまで文学書から選ばれたことはほとんどなかったのに、**『万葉集』という文学書から選ばれたことは、画期的なこと**なのです。今回は日本の古典から選ばれるかもしれないという予想はありましたが、漢字ばかりとはいえ、『万葉集』

6

は大和言葉によるものですから、多くの予想を裏切るものでもありました。

　年号制はもともと中国起源のものです。唐文化にならおうとした7～8世紀に、中国古典を典拠として日本の年号が選ばれたのは自然な成り行きでした。そもそも当時の日本には、まとまった古典的書物などなかったのですから、中国古典を典拠とせざるを得なかったという事情もありました。それ以来その伝統が続いていたのですが、現在では中国でも年号制が断絶してしまい、**日本の元号制だけが続いています**。日本の古典から選ばれたことについて批判もありますが、日本固有の伝統文化となっているのですから、日本の古典的書物を典拠とするのも、自然な成り行きということができます。

❀「万葉集」が詠まれた時代をかいま見る

　「令和」の典拠は、『万葉集』巻5の「梅花謌卅二首并序（梅花の歌32首あわせての序文）」の、「時に、初春の令月にして、気淑く風和ぎ、梅は鏡前の粉を披き、蘭は珮後の香を薫らす」というものです。現代文にすれば、「時は初春の令月、空気は美しく、風は和やかで、梅は鏡の前の美人が白粉で装うように花咲き、蘭は身を飾る衣に纏う香のように薫らせる」という意味となります。この場合の「蘭」は、胡蝶蘭などの「蘭」のことではなく、芳香のある草花の総称ですから、ここでは馥郁と香る梅の花を暗示しています。

　この序文に続いて大宰府の官僚たちが、大宰府の長官である大宰帥大伴旅人の催す観梅の宴で詠んだ歌が32首並んでいます。

『万葉集』
(西本願寺本・複製、高岡市万葉歴史館蔵)
「梅花の歌」の序文に「令」と「和」の文字が見える。

大宰府政庁跡に咲く梅（福岡県太宰府市）

大宰府といえば、当時は憧れの唐文化を摂取する窓口のようなものですから、江戸時代の長崎、明治時代の横浜のような所です。その頃に唐から伝えられた異国情緒豊かな梅を庭に植え、唐の官人にならって自分たちも白梅を愛でながら、酒を飲みつつ詠んだのでしょう。そのなかの1人は、唐に留学したこともあり、筑紫国の国司である山上憶良です。**「令和」の典拠となった序文が中国の古典を踏まえた漢文になっている**のも、そのような場所柄と、おそらくは漢詩文にも明るい山上憶良の存在が背景となっているのでしょう。

❀「令和」の文字に込められた思い

「令」という文字が元号に用いられたのは初めてのことです。江戸幕末に「元治」と改元される際に、「令徳」が有力候補となったことがありましたが、幕府が「徳川に命令する」とはけしからぬと反対し、日の目を見なかったことがありました。「和」は聖徳太子の憲法十七条に「和を以て貴となす」という言葉があるように、日本人好みの好字ですから、年号にはしばしば用いられ、今回で20回目になります。

「令」という漢字は、もともとは覆いの下で神前に跪く人が、神や君主の言葉を伝える様子を表した文字で、そこから転じて「**厳かで清らかで美しいこと**」、また「**神のお告げや君主の命令**」を表すようになりました。そのため、「令和」を「和を命令する」という意味に理解して、違和感を覚えている人もいるようです。「上から目線である」とか「和は押し付けられることではない」という批判は、「令」を「命令」という意味に理解してしまったために生じたのでしょう。

新元号を紹介するアナウンサーが、「命令の令の字」と紹介したのもよくなかったのかもしれません。海外のメディアは「令」という文字の意味を「order（秩序）」や「command（命令）」、「和」については「peace（平和）」や「harmony（ハーモニー・調和）」を意味する、と書いているものが多いのですが、和英辞書で「令」を検索すれば、「order」や「command」となっていますから、日本語に精通していない記者ならば、そのように訳してしまったことも無理はあ

りません。

　しかしこれは誤解です。「令」の持つ「厳かで清らかで美しい」という意味から考えてみましょう。相手を尊敬してその妻を「令夫人」、息子を「令息」、娘を「令嬢」というのは、みなこの意味によっています。

　また、今回の「令」の典拠となった「令月」には、陰暦２月の異称であると同時に、物事をするのに縁起の良い月という意味があります。同じような意味で、「令日」は「吉日」を意味しています。ですから典拠の部分は、初春の清新な良い日に、春風が吹いて白梅が咲き薫る美しさを説明しているわけです。

　そもそも漢字には複数の意味があるものです。例えば「空」という漢字には、「青空・大空」のように「そら」の他に、「空虚」の「空しい」という意味、「中空」の中身がない「空っぽ」という意味があります。親が娘に「美空」（みそら）という名前をつけたとして、それを「空しい名前だ」とけちをつけることはあり得ないでしょう。**名前には理想や願いを込めて、良い文字や音が選ばれるもの**です。ですから「令和」という元号を選んだ人、つまり**名付け親がどのような理想を込めて選んだか**、またその名付けの典拠がどのような意味なのかという視点から理解しなければなりません。

❖「令和」の時代に向けて

　安倍首相は新元号についての談話のなかで、「この『令和』には人々が美しく心を寄せ合うなかで、文化が生まれ育つという意味が込められております」と説明していました。「令和」が直接に首相談話のような意味を表しているわけではありません。ただ**「令」は美しい心を、「和」は人々が和やかに集うことを意味していること**は事実であり、典拠である『万葉集』という和歌集が、天皇・貴族から防人・農民まで幅広く、当時のあらゆる階層の人々の歌を収めた、日本最初の和歌集であることを踏まえて、「文化が生まれ育つ」という表現をしたのでしょう。

　実際、『万葉集』は、まだ固有の文字を持っていなかった私たちの祖先が、「漢字」という外国の文字を使って大和言葉を書き表し、4000首以上の歌を収録したという大いなる創造的文化なのです。安倍首相の談話は典拠の相当な意訳ではありますが、その心は十分に理解することができます。

　これから始まる**新しい「令和」の時代が、清らかで美しく、人々が互いに和み、平和な国・社会・家庭になること**を、素直に祈念しています。

第1部

明日話したくなる
元号・改元の歴史

エピソード **1**
「元号を改める」から「改元」なのではない！

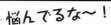

エピソード1 「元号を改める」から「改元」なのではない！

✤元号なのか、年号なのか問題

「『平成30年』は年号でしょうか？ 元号でしょうか？」

一般には、「平成」が元号で30年が年号であるとか、西暦は年号で和暦は元号であるとか、年号も元号も同じ意味であるとか、いろいろな説があります。

しかし現在は、「元号法」（昭和54年法律第43号〈1979年6月12日施行〉）という法律で定められているように、**「元号」が正式な名称となっています。**日常会話のなかで使う時に、年号と元号はあまり厳密には区別されていませんが、本来は違いがあるのでしょうか。

日本で最初に制定された「大化」（645年〜）について、『日本書紀』という奈良時代に成立した歴史書には、「皇極天皇4年を改めて、**大化元年とする**」と記されていて、元号なのか年号なのか、どちらともわかりません。次の「白雉」（650年〜）については、「白雉と改元する」と記されています。

しかし、あくまで「改元」であって「元号」とは書かれていません。

「大宝」（701年〜）については、8世紀に成立した歴史書の『続日本紀』に「大宝元年という**元を建てる**」と記されています。

え〜!? 西暦は「年号」で、和暦は「元号」だと思い込んでたよ！

歴史的には、新しい年号（元号）を定めることを「建元」「元を建てる」と表現するんだ。これから何度も出てくるよ！

そもそも「**元**」という文字は、気力の元になるのが**元気**、1年の最初の日が**元日**、預金の元になるのが**元金**というように、「**最初のもの**」とか「**元になるもの**」という意味で、本来「年」

15

という意味はありません。しかし白雉への改元の史料（『日本書紀』）では、「元」という文字を奈良時代や平安時代の読み仮名（古訓）では、「はじめのとし」と読んでいます。このことから、「元」という文字は古くから「初めの年」と理解されていたことがわかります。ですから、「建元」「元を建てる」とは「初めの年を定める」ことであって、年号を定めるのと事実上同じことなのです。

> でも、この段階ではまだまだ、「元号」とも「年号」ともいわれていないんだよね。

「和銅」（708年〜）の改元になると、「慶雲5年を和銅元年に改め、天皇がその御世の年号と定められた」と『続日本紀』に記されていて、ここで初めて「年号」の表記が確認できます。

「神亀」（724年〜）の改元では「御世の年の名」、「天平」（729年〜）の改元では「御世の年号」となっていて、六国史❶のなかの『続日本紀』（8世紀）から『日本三代実録』（9世紀）という歴史書に記された改元の記事を見ると、しばしば「年号」と記されています（ただし、「元号」は見当たりません）。

『続日本紀』や『日本三代実録』など、勅命（天皇の命令）によってまとめられた歴史書に書かれていたということは、「年号」が正式な名称だったといえるでしょう。

❶六国史
8世紀から10世紀初頭、律令国家としての体制を整え、国史の編修が進められた。7世紀の奈良時代に編修された『日本書紀』に続き、10世紀の初頭にかけて編修された国の正式な歴史書の総称。『続日本紀』『日本後紀』『続日本後紀』『日本文徳天皇実録』『日本三代実録』を指す。

> さらに江戸時代末までのさまざまな文献からも、改元に関する部分では、ほとんど「年号」という名称が使われていることが確認されているんだ。

つまりこうした史料からいえることは、「改元」という言葉は「元を改める」、つまり「初めの年を改める」ことなのであって、「元号を改める」ことを省略した言葉ではないのです。歴史的には、あくまで「年号」が年を表す本来の言葉といえるでしょう。

✤年号から元号へ

それでは、「元号」という名称はいつから使われるようになったのでしょうか。

一般には1868年、「慶応」から「明治」へ改元される時に、**「天皇一代に元号は1つ」**とする一世一元の制が定められ（→p.90）、この時に「元号」という言葉が用いられたと理解されています。しかし、一世一元の制を正式に定めた明治改元の詔書には、「今後年号は御一代一号に定め……」と記されているのです。

ですから「天皇一代に元号は1つ」という理解は正確ではないことになります。

この制度の確立を強くすすめた政治家は岩倉具視なのですが、その関係史料にも、すべて「年号」とあって「元号」ではありません。ですから、**「一世一元」**とは**「天皇一代につき建元は1回」**、あるいは、**「天皇即位後に建元し、その一世には再び改元しない」**という意味に理解すべきなのです。

> 一世一元の制が定められた時には「元号」という名称ではなく、まだ「年号」が用いられていたことを確認しておこう。「天皇一代に元号は1つ」という意味ではないこともこれでわかったかな？

さて、それでは実際にはいつ、「元号」という名称が正式に用いられたのでしょうか。

それは明治22年（1889）、大日本帝国憲法と同時に公布された、**「皇室典範」という法律で用いられた**のです。皇室典範とは、皇位継承・皇族・摂政・皇室会議など、皇室に関することを定めた法律で、当時は国家でもっとも重要な法律でした。その第12条❷に「天皇が即位した後に元号を定め、明治元年に定めた一世一元の制に従って、その天皇の代には改元しない」と定められています。ここではっきり「元号」と表記され、「元号」という名称がようやく法律的な根拠を得たわけです。

❷「皇室典範の改元規定」
「践祚の後元号を建て、一世の間に再び改めざること、明治元年の定制に従ふ」
（明治22年（1889）2月11日「皇室典範」第12条）

エピソード2
「おめでたいできごと」を記念して年号制は始まった!?

次は年号制の始まりについて、だ

ヘタなコスプレ！

古代中国では王が即位した時から順番に1、2、3と数えていた

でも漢の時代になって6年ごとに改元する年号制を採用したんだ

「初元元年」
↓
「初元2年」
…

「二元元年」
↓
「二元2年」
…

初元、二元、三元…って数字の年号だったんだね

ある時、官僚が「祥瑞を以て年号を建てるべきで、1、2と数えるのはよろしくない」と言ったんだ

ふむ

それでその翌年、数字じゃない年号をつけ始めたんだ

あれ？ じゃあもともとは最初の年号は「建元」じゃなかったんだ

そう、建元元年は遡ってつけられたからその年に建てられたワケじゃないんだ

エピソード2 「おめでたいできごと」を記念して年号制は始まった!?

♣中国で始まった年号の制度

　年号の制度は中国に始まりますが、初めは殷代（紀元前16世紀頃）に続く周代（紀元前8世紀頃）以後、王の即位から何年と数える紀年法❶が行われていました。そして、前漢（紀元前2世紀頃から）のもっとも栄えた時代の王であった**武帝の時代に、改元のある年号制が始まった**ことが、中国の歴史書『史記』に記されています。

　紀元前141年に即位した武帝は、その翌年から6年ごとに改元を繰り返し、「初元元年」「初元2年」……「二元元年」「二元2年」のように、数字による年号を建てていました。その五元3年（紀元前114）のこと、ある役人が「祥瑞を以て（よいことが起こったことを記念して）年号を建てるべきであり、これまでのように1、2と数えるのはよろしくない。初元は年号の名称を『建元』とし、二元は彗星が出現したので『元光』とし、三元は狩猟で一角獣を獲ったので『元狩』とすべきである」と申し立てたのです。

　その翌年、今の山西省の汾陰というところから立派な青銅製の鼎（3本足の鍋）が出土しました。

❶紀年法
新しい代の王が即位した年を元年として以後、順に数えること。新しい王の代が始まることを「代始」という。

殷代の鼎
（メトロポリタン美術館蔵）

古代中国の殷・周の時代には、こういう青銅製の鼎がたくさん作られていたんだよ。祖先神を祀る時にも使われたから、宝器とされていたんだよ。

❶中国の改元による年号の例

五元4年 → 元鼎4年（紀元前113）

↓
遡って
↓

初元元年 → 建元元年（紀元前140）
二元元年 → 元光元年（紀元前134）
三元元年 → 元朔元年（紀元前128）
四元元年 → 元狩元年（紀元前122）
五元元年 → 元鼎元年（紀元前116）

武帝は、これは天が下した祥瑞であるとして、この年（紀元前113年）を元鼎4年としました。そして遡って初元を「建元」、二元を「元光」、三元を「元朔」、四元を「元狩」として、数字ではない年号をつけました❶。建元元年は紀元前140年にあたります。その年に建てられた年号ではなく、遡って名付けられたわけです。**これが年号の制度の起源**とされています。

この故事には、年号の歴史上、大変重要なことが2つ含まれています。まずは統治者が位に就いた年に建言して、治世を数える代始の年号が建てられたこと。2つ目は祥瑞が改元の理由になったことです。これは後世の改元の先例となっていきます。

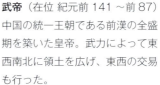

ただし最近になって、銘文に「建元」という製作年号を持つ武器や陶器が発見されて、この起源説に疑問符がつけられるようになっているんだ。文献によって裏付けられた歴史が、考古学的発見によって訂正されることは十分にあり得ること。いずれにしても年号の制度が前漢の武帝の頃に始まったことは間違いなさそうだな。

武帝（在位 紀元前141～前87）
中国の統一王朝である前漢の全盛期を築いた皇帝。武力によって東西南北に領土を広げ、東西の交易も行った。

❖日本最初の年号は「大化」

❷大化の改新
645年以降、中大兄皇子（後の天智天皇）と中臣鎌足が中心となって進めた政治改革をこのように呼ぶ。唐の政治制度にならい、天皇を中心とする中央集権国家の建設を目指すもの。

日本の年号（元号）は、7世紀半ばのいわゆる大化の改新❷に始まります。『日本書紀』には、蘇我蝦夷と入鹿父子が滅ぼされた645年、「皇極天皇の4年を大化元年と改め」、ただちに孝徳天皇が即位したと記されています。

ところが、**近年はこのことが疑問視されるようになりました。**

『日本書紀』以外の文献や、発掘されたその頃の木簡類には、**「大化」という文字がまったく確認できない**からです。年を表す場合はすべて「干支」（→ p.76）で表記されていて、「大化」という年号が実際に使われていた痕跡はまったくありません。

そもそも、「大化の改新の詔」の欠落部分が後年の『日本書紀』編纂の時に、大宝令の文を参考に一部分が書き換えられていたんだ。

『日本書紀』に記されているからといって、それがすべて事実かどうかはわからないんだね。

たしかに「大化」という年号は、国内では使われていなかった可能性が高いのですが、だからといって単純に、「大化」は最初の年号ではないと決めつけることはできません。

『日本後紀』という歴史書に記された嵯峨天皇による「弘仁」への改元の詔（810年）には、「古くは年号というものはなかったが、孝徳天皇の時に初めて大化という年号が現れた」と記されています。つまり当時の世の中でも、**「大化」こそが最初の年号であるという共通認識**がはかられていたことが確認できます。

そもそも「大化」とはどのような意味なのでしょうか。年号を選定する場合は、中国の古い書物に出典を求めることが習慣化されています。しかし『日本書紀』にも、「大化」の出典を何に求めたのか触れられていないので、その書物を特定することはできません。

では、文字の意味を考えてみましょう。「大」は程度の著しいことを表す文字で、「化」という文字には本来「かわる」という意味があります。ここでは、人徳によって良い方向に感化されることを表しているといえるでしょう。

儒教的視点から、**「天子の大いなる徳による政治が広くおよ**

ぶことを祈念している」という意図を持っていたといえそうです。

❖「大化」から「大宝」へ

686年から701年までは年号がなかったんだね！

　大化の後は「白雉」に改元され、孝徳天皇の死去後、斉明天皇が即位しましたが、新年号は建てられませんでした。
　天智天皇、弘文天皇を経て、天武天皇15年（686）の7月20日、32年ぶりに「朱鳥」という年号が建てられたのですが、1カ月半後の9月9日には天武天皇が死去し、翌年からは使われなくなってしまいました。こうして年号の使用は中断してしまいます。
　その15年後の701年、対馬国から金が献上されるという祥瑞によって、「大宝」という年号が新たに建てられました。8世紀の『続日本紀』という歴史書には、文武天皇5年（701）3月、**「対馬から金が献上され、新たに建元して大宝元年とした」**と記されています。この大宝以後は途切れることなく「令和」まで元号（年号）が続いていますから、**現在まで継続する年号としては、「大宝」が最初の年号である**ということもできます。

❖「大宝」という年号の意義

　天武天皇の死去後、皇太子の草壁皇子が即位前に28歳で急逝しました。そこで、とりあえずその母が持統天皇として即位したのです。
　彼女は重大な使命を負っていました。1つは夫である天武天皇以来編纂を続けていた律令（法律）を完成させ、唐にならった政治体制を整えること。1つは草壁皇子の子である孫の軽皇子の即位を見届けること。もう1つは唐の長安にならった大規模な都城である藤原京を完成させるという、大土木事業でした。
　持統天皇は、694年には藤原京へ遷都し、697年8月に軽皇子を文武天皇として即位させ、また701年8

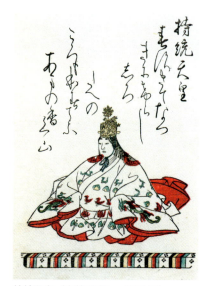

持統天皇（在位690〜697年）
小倉百人一首の「春すぎて〜」で始まる歌は有名。（勝川春章筆）

月には大宝律令を完成させました。持統太上天皇の後見を得た文武天皇の治世は、まさに律令国家が立ち上げられ生気に満ちた時代です。現代に続く元号制（年号制）として最初の年号である「大宝」が定められたのは、そのような時だったのです。

「文書に年を記す場合は、みな年号を用いなければならない」とする定めが、養老令という奈良時代初期の法典にあります。この法典は、大宝令をほぼ受け継いだものですから、大宝令にも同じ条文があったと考えられます。これにより年号の使用が法的に裏付けられました。

> 文書に年を記す場合は、必ず年号を用いなければならないと定められたことが、「大宝」以後、年号が途切れなかった要因の１つということができるな。

独自の年号は独立国としての宣言？

日本が地理的に位置している東アジア世界では、当時、その国独自の年号を建てるということには、国の独立にかかわる重大な意味がありました。

古くから、中国で成立した巨大な統一王朝はその周辺諸国に対して、中国の暦や年号を受け入れて中国に従属することを要求していたのです。この要求の通り中国に従属することを、「正朔❶を奉ずる（暦をありがたくいただくという意味）」といいました。古代の中国では天子が代わると暦を改めたことから、「暦」を受け入れるということは、中国（宗主国）の属国であることを自ら認めることでした。

そのため、独自の年号を使用することは、中国に従属せず、その暦や年号を甘んじて使用する国ではない、つまり「独立国である」ことの宣言でもあったのです。

❶「正朔」の「正」は年の初め、「朔」は「ついたち」と読んで月の初めを意味するもので、合わせて暦のこと。

❶「大宝元年元日の儀式」原文
「大宝元年春正月乙亥の朔（1日）、天皇大極殿に御して朝（天皇に対する臣下らの祝賀の礼）を受く。その儀、正門に烏形の幢、左に日像・青竜・朱雀の幡。右に月像・玄武・白虎の幡を樹つ。蕃夷（この場合は新羅や西南諸島）の使者、左右に陳列す。文物の儀、是に備れり。」（『続日本紀』巻2）

　唐の政治的・文化的影響力がその周辺諸国に強くおよんでいる時、独自の年号を建てるということは、独立国家としての誇りを明らかにすることでした（→ p.23 コラム）。もちろん、日本が「大化」という年号を建てたことについても同じことがいえるのですが、当時はまだ国家体制が整っていませんでした。しかし、持統天皇から文武天皇にいたる時期に藤原京の建設はいよいよ進展し、国家の基本法である律令が定められ、名実ともに律令国家が成立したのです。そのような視点からすれば、『続日本紀』に記された大宝元年（701）正月元日の記述はじつに象徴的です。

　「文武天皇は大極殿に出て、臣下らの祝賀の礼を受けました。その式場の様子は、正門に烏を描いた幢、左に太陽・青竜・朱雀の幡、右に月・玄武・白虎の幡が立ち並び、新羅や西南諸島の使者が左右に並んでいました」❶というのです。元日の晴れやかな儀式の様子が目に浮かぶようです。対馬から金が献上されるのはその年3月のことで、「大宝」という年号は、そのような新生国家の樹立を背景として、初めてその意義を理解できるのです。

藤原京の大極殿は平城京の第一次大極殿に移築されたともいわれているぞ！

「白鳳」と「白雉」

02 「おめでたいできごと」を記念して年号制は始まった!?

　7世紀後半から8世紀初頭にかけて、つまり大化の改新から平城京遷都までの、律令国家体制の確立期に繁栄した文化は、「**白鳳文化**」と呼ばれることがあります。しかし、この時期に「白鳳」という年号が使われていたわけではないのに、なぜ「白鳳」という言葉で表されるのでしょう。思い当たるのは、孝徳天皇の時代、「大化」の後に続いて建てられた「白雉」という年号です。

　一般的に「白鳳」は、『日本書紀』に記されていない私年号❶の1つであるとされています。白鳳（白い大きな鳥）は明らかに祥瑞で、印象としては白雉に似ています。そこで白雉と白鳳が混同された可能性もあります。

　『続日本紀』巻9の神亀元年10月には、聖武天皇の詔が記されていて、そのなかに「**白鳳**より以来、**朱雀**より以前、年代玄遠にして、尋問明め難し」という文言があります。これは、「**白鳳**以来、**朱雀**以前のことは、遠い昔のことなので、問い尋ねて明らかにすることは難しい」という意味で、明らかに「白雉」を「白鳳」、「朱鳥」を「朱雀」と言い換えていることがわかります。

　また、平安時代末期の12世紀末に成立した歴史書である『扶桑略記』には、「備後国、白雉を進む。仍て改めて白鳳元年と為す（備前の国が白いキジを献上したので、白鳳に改元された）」と記されています。「白雉」という年号は、孝徳天皇の時代の年号ですが、「白鳳」は白雉の献上による改元であるという認識が、この頃にあったことが確認できます。「白鳳」という年号の使用については諸説あるのですが、このように「白雉」の別称・美称であると理解してよいでしょう。また、「朱雀」と「朱鳥」の関係も同様です。

白鳳文化
　7世紀半ばから平城京に遷都（710年）するまでの間の文化を指します。天皇を中心とした国づくりが本格化し、造寺造仏活動が飛躍的に進展しました。藤原京には大官大寺や薬師寺、飛鳥の地には山田寺や川原寺などができたのです。
　現代に残る代表的な文化財としては、興福寺の仏頭、法隆寺金堂壁画や高松塚古墳壁画（左写真：奈良県高市郡明日香村）などがあります。

❶朝廷が公に定めた年号以外に私的に用いた年号のこと。「白鳳」は公的な年号制の確立以前に用いられたもので、歴史書に記されなかったため「逸年号」ともいわれます。

エピソード3
天皇が代わると年号が変わる
〜代始改元〜

「即位改元」とも呼ばれるんだ

ではいよいよ改元について説明しよう
改元の理由はいろいろある
まず代始の改元だな

簡単にいうと、天皇が代わると年号も新たになるということだ

いつ着替えたの…

古代の中国では天子が年号と暦の使用を義務付けたと説明したが
使用されている範囲がその権威のおよぶ領域とみなされていたんだ

代始改元も新たに定められた年号が使われる範囲に天皇の権威がおよぶことを意味するんだ

それでほとんどの天皇が代始改元を行ったんだね！

なるほど…
改元される理由がなんとなくわかってきた気がする！

じゃあもう少し詳しく勉強してみようか

エピソード3 天皇が代わると年号が変わる 〜代始改元〜

改元されるには理由がある問題

❖ 改元される理由のベスト１

　改元は本来は天皇の名において行われることであり、新たな天皇の即位（**天皇の代替り、新しい時代の始まり**）にともなって行われる代始改元は、改元理由のなかではもっとも多いものです。

　簡単にいえば、「**天皇が代わると年号も新たになる**」ということで、天皇即位後に行われるため、「**即位改元**」とも呼ばれます。時には政権の実力者の圧力がはたらくこともあり、室町時代以後には、将軍の代始（代替り）に行われたこともありますが、それはあくまでも特殊な「代始」改元です。

　古来中国では、宗主国の天子が朝貢❶してくる周辺諸国に対して年号と暦の使用を義務付けていました。その年号や暦の使用されている範囲が、その天子の権威のおよぶ領域と見なされたのですが、代始改元にもこれに近い意味があります。

　新天皇の皇位継承にともない、新たに定められた年号が使用されるということは、その範囲に、その天皇の権威がおよぶことを意味するわけです。そのため、新天皇としては改元によってその権威を天下に示すため、ほとんどの天皇が前例にならって代始改元を行いました。

❶朝貢
外国の使者などがその国に来て、朝廷に貢物を差し出すこと。

年号と暦を受け入れると中国の属国になるって話があったね。（→ p.23）

❖ 「践祚」と「即位」

　天皇が位に就く場合は、現在では「**践祚**」と「**即位**」という２段階を経ることになっています。「践祚」の「践」とは「位に就くこと」で、「祚」とは「天皇の位」のことですから、要するに「**天皇の位に就く**」ことを意味しています。しかし、「即位」も「**位に即く**」ことですから、**字面だけを見ると同じ意味**

27

三種の神器のイメージ
それぞれ実物が納められている場所は異なる。
八尺瓊勾玉は皇居内
八咫鏡は伊勢神宮内
天叢雲剣は熱田神宮内

であるように見えます。

　近年の例から見れば、先の天皇の死去直後に皇太子が三種の神器を受け継ぐことによって、「践祚」が成就したと理解されます。

　三種の神器とは**八咫鏡と八尺瓊勾玉と天叢雲剣のこと**で、それらのうち八咫鏡は、それが祀られている賢所を含む宮中三殿を相続することによって受け継いだことになります。そして、残りの八尺瓊勾玉と天叢雲剣を受け継ぐのは、**剣璽等承継の儀**によります。こうして三種の神器の継承が成就し、新天皇が位に就いたと見なされるわけです。「即位」は正しくは「**即位礼**」と呼ばれ、新天皇が位に就いたことを内外に明らかにする儀式を意味しています。つまり**践祚は皇位継承そのもの**であり、**即位は践祚したことを明らかにする儀式**として、両者を区別することができます。古くは践祚と即位の儀式は分離されていませんでしたが、桓武天皇の時（781年）に践祚後に日を改めて即位礼が行われ、以後はそれが慣例となりました。

　では、践祚から即位への流れのなかの、どの段階で改元されるのでしょうか。奈良時代には皇位継承と改元が同時に行われた場合が少なくないのですが、平安時代最初の桓武天皇から明治までは、皇位を継承したその年に先帝の年号を改めるのは非礼であるという儒教的理念から、翌年以降に改元するようになりました。このような改元は「年を踰える」ことから、「**踰年改元**」または「**越年改元**」と呼ばれます。

代始改元では、「踰年改元」がもっとも長く、数多く行われていたんだ。例をいくつかあげてみよう。

天皇	践祚	即位式	改元	新元号
桓武	天応元年（781）4月3日	天応元年（781）4月15日	天応2年（782）8月19日	延暦
平城	延暦25年（806）3月17日	延暦25年（806）5月18日	延暦25年（806）5月18日	大同
嵯峨	大同4年（809）4月1日	大同4年（809）4月13日	大同5年（810）9月19日	弘仁
土御門	建久9年（1198）1月11日	建久9年（1198）3月3日	建久10年（1199）4月27日	正治
順徳	承元4年（1210）11月25日	承元4年（1210）12月28日	承元5年（1211）3月9日	建暦
光格	安永8年（1779）11月25日	安永9年（1780）12月4日	安永10年（1781）4月2日	天明
孝明	弘化3年（1846）2月13日	弘化4年（1847）9月23日	弘化5年（1848）2月28日	嘉永

❖ 現代の改元

　現在の皇位継承と改元の流れは、伝統的な「踰年改元」とは異なっています。

　「昭和」から「平成」への改元の様子を振り返ってみましょう。

　まず昭和64年（1989）1月7日に昭和天皇が死去すると、元号法に基づいて改元の政令が出され、その翌日を「平成元年1月8日」とすることにより「昭和」から「平成」に改元されました。

　践祚の段階、つまり**新天皇が位に就くと同時に新元号への改元が行われた**わけです。そのため西暦（せいれき）1989年には、昭和64年と平成元年が連続しながら含まれていることになります。このやり方ならば元号の空白期間が1日もなく、皇位の継続性や永遠性が意識された、自然な皇位継承となっているといえるでしょう。

　しかしこのような践祚直後の改元は、大正以後に始められたのです。もっとも、正確には**大正と昭和は践祚当日の改元、平成は翌日の改元**でした。

大正天皇が亡くなったのが大正15年（1926）12月25日で、その日のうちに「昭和」に改元されたんだ。つまり1926年12月25日は昭和元年でもあるわけだ。

なるほど！　践祚当日の改元っていうのはそういうことか！

即位礼正殿の儀（平成2年11月12日、皇居内）
高御座で即位のお言葉を読み上げる平成天皇陛下（手前）と御帳台の皇后さま（奥）

エピソード4
何かが起こると年号が変わる 〜災異改元〜

改元される大きな理由の1つに**災異**があるんだ

災異？ 災害の災に…異？

「異」は現実にないような不思議なことをいうんだ

例えば彗星（すいせい）の出現や月食（げっしょく）とかな

災…災害（地震、飢饉（ききん）、疫病（えきびょう）、水害 など）
異…おもに不思議なできごとを指す（彗星の出現、月食 など）

古代の中国では、災異は天が統治者（とうちしゃ）の不徳に対して下す警告（けいこく）だと考えられていたので

統治者にとって無視できない重大な問題だったんだ

日本の災異による改元を見ると日本が昔から災害の多い国だったことがわかるね

そうだな それも含（ふく）めて詳（くわ）しく見ていこう！

エピソード4 何かが起こると年号が変わる
～災異改元～

改元されるには理由がある問題

❖「災異」とはどんなものか？

「災」とは文字通り「わざわい」「災害」であって、具体的には地震・飢饉・疫病・水害・干害（干魃）・火事・噴火などを指します。「異」とは現実にはあり得ないような不思議なできごと（怪異現象）のことですが、おもに不吉なできごとを意味します。彗星の出現、月食などの天空の異変も怪異の1つで、「天変」ともいわれました。また改元まではいたらなくても、季節はずれの花の開花も怪異現象と理解されました。

古代中国ではこれらの「災」と「異」は、政治の混乱に際して、天が統治者の不徳に対して下す警告や呵責（厳しく責めること）であると考えられていました。日本では災異の原因は、統治者の不徳よりも怨霊による祟りや穢れと考えられることが多く、中国の災異理解とは少し異なっています。しかしどちらにしても、統治者にとっては放置できない重大な問題であることに変わりありません。

浅間山夜分大焼之図
天明3年（1783）の浅間山（群馬県・長野県）噴火の様子
（美斉津洋夫氏蔵、浅間火山博物館提供）

❖「災異」による悪い因縁を断ち切る方法

祟りや穢れによる災異に対しては、宗教的対応として神々へ幣帛（神様への供物）を捧げたり、祓えなどの祭祀や、国を護るといわれる経典の読誦（声を出して読む）を盛んに行いました。また行政的対応としては、租税の減免、救恤（困窮者を救済すること）の実施、死者の埋葬が行われました。そして、さらに悪い因縁を断ち切り人心を一新するために、しばしば改元が行われました。

31

ただし、改元は複合的な理由で行われることが多く、災異以外の要因が同時に生じている場合もあり得ます。特に平安時代にはじつに多くの災異があり、そのたびに改元が行われ、さらに代始改元もありました。そのため、平安時代に建てられた年号は極めて多く、またそれぞれの期間が短いものでした。以下は、平安時代に行われた災異改元とその理由です。

　次のページからは改元の理由になった「災異」について、具体的に見ていきましょう。

新年号	期間	災異改元の理由
延長	923～931	干害・水害・疾病、「水潦疾疫」「旱潦疾疫」
天徳	957～961	干害、「水旱災」
天延	973～976	地震、「天変地震」
貞元	976～978	内裏火災・地震、「災・地震」
天元	978～983	災変・厄年、「災変・太一陽五厄」
永観	983～985	干害・内裏火災、「炎旱・皇居火災」
永祚	989～990	ハレー彗星・地震、「彗星・天変・地震」
正暦	990～995	台風、「大風・天変」
長徳	995～999	疫病（はしか?）・天変、「疫疾・天変」
長保	999～1004	天変・干害・疫病（はしか?）、「天変炎旱災」・「赤斑瘡疫」
寛弘	1004～12	地震、「大変地震」
長元	1028～37	疫病・干害、「疫癘炎旱」
長久	1040～44	地震・内裏火災、「内裏焼失」
寛徳	1044～46	疫病・干害、「疾疫旱魃」
天喜	1053～58	天変・怪異、「天変怪異」
康平	1058～65	内裏・大極殿火災、「大極殿火事」
承暦	1077～81	疫病・干害、「疱瘡・旱魃」「旱魃・赤斑瘡」
嘉保	1094～96	疫病、「疱瘡」
永長	1096～97	地震、「天変・地震」
承徳	1097～99	地震・洪水・台風・彗星、「天変・地震・洪水・大風」
康和	1099～1104	地震・疾病、「地震・疾病」
長治	1104～06	月食、「天変」
嘉承	1106～08	彗星、「彗星」「奇星」
天永	1110～13	彗星、「彗星」
永久	1113～18	天変・戦乱・疾病、「天変・兵革・疫病」
元永	1118～20	天変・疫病、「天変疫疫」「天変」
大治	1126～31	疫病、「疱瘡」
天承	1131～32	干害・洪水・天変、「炎旱・洪水・天変」
長承	1132～35	怪異・疫病・火事、「怪異疫疾」「疾疫火事」
保延	1135～41	飢饉・疾病・洪水、「飢饉・疾疫・洪水」
久安	1145～51	ハレー彗星、「彗星変」
仁平	1151～54	風水害、「暴風之難・洪水之困」
応保	1161～63	飢饉・疫病、「飢饉・疱瘡」
長寛	1163～65	天変・疫病、「天変・疱瘡・赤斑瘡」
承安	1171～75	天変、「天変」
安元	1175～77	疫病、「疱瘡」
治承	1177～81	大極殿火災、「大極殿火災」
寿永	1182～85	飢饉・戦乱・疫病、「飢饉・兵革・病事・三合」
文治	1185～90	火災・地震・戦乱、「火災・地震・兵革」

※「　」内は史料の原文の表記。

災異による改元がたくさんあるんだね。日本は昔からとても災害の多い国だったのか!?

エピソード4 何かが起こると年号が変わる〜災異改元〜

『方丈記』に記された災異改元

❖ 平安京で起こった「安元の大火」の記録

　平安時代末期から鎌倉時代初期にかけて、平安京の南の郊外に隠棲していた**鴨長明**は、20代後半に体験した改元の理由となった**5つの災異**を、**随筆『方丈記』に書き残しています**。
　まずは安元3年（1177）4月28日に発生した**安元の大火**です。『方丈記』に記された内容を見てみましょう。

| 現代語訳 | 風が激しく吹く夜の午後8時頃、都の東南から火事が起こり、西北に延焼した。そしてついには朱雀門・大極殿・大学寮・民部省などの諸官庁まで燃え移り、一夜のうちに焼失してしまった。……遠くの家は煙に巻かれ、近い所では炎が盛んに地面に吹き付けていた。空には灰が吹き上げられ、火に照らされて風の勢いに吹きちぎれた炎が、一町も二町も越えては飛び火していく。そのなかにいる人は正気でいられただろうか。ある人は煙にむせて倒れ、ある人は炎に包まれて一瞬にして死んでいく。……焼けた家は数知れず、都の3分の2にもおよんだということだ。死者数千人、馬牛のたぐいは数知れない。|

『方丈記』が書かれたのは建暦2年（1212）で、約30年後の回想なんだ。細かいことには記憶違いもあるかもしれないけど、自分の体験をもとに書いている貴重な史料だよ。

　都大路である朱雀大路は幅が80mあまりもあったのですが、炎はそれをいとも簡単に越えてしまいました。取り残された人々にとっては、まさに火焔地獄であったことでしょう。この大火災の結果、同年8月4日に「安元」から「治承」へと改元されました。

33

この改元理由について、鎌倉時代後期、13世紀末の歴史書である『百錬抄』には、淡々と「大極殿火災に依る」と記されています。

教科書にも載った「養和の大飢饉」の記録

もう1つ特筆すべき災異は、源平の争乱の最中、養和元年（1181）に起きた**養和の大飢饉❶**です。これは**高校の日本史の教科書にも載せられるような大事件**でした。鴨長明さんはどのように書き残したでしょうか。

鴨長明（1155？〜1216年）

❶養和の大飢饉
1181年に始まる大飢饉。特に西日本での凶作が著しく、西国に領地の多かった平氏にとっては痛手となった。

> **現代語訳**
>
> 養和の頃、2年間ほど飢饉が続いたことがあった。干害・大嵐・洪水などの悪天候が続き、穀物がことごとく実らなかった。……京では地方の産物を頼りにしているのに、それも途絶えてしまった。……物乞いが道端にたむろし、憂え悲しむ声は耳にあふれていた。そして翌年こそはと期待したのだが、疫病が流行し、事態はいっそう混乱を極めた。人々が飢え死にする様子は、まるで水が干上がるなかの魚のようである。……衰弱した者たちは、歩いているかと思う間に、道端に倒れ伏しているというありさまである。土塀のわきや、道端に飢えて死んだ者は数知れない。遺体を埋葬することもできぬまま、鼻をつく臭気はあたりに満ち、腐敗してその姿を変えていく様子は見るに耐えない。ましてや鴨川の河原などには、打ち捨てられた遺体で馬車の行き交う道もないほどだ。……仁和寺の大蔵卿暁法印という人が、人々が数知れず死んでゆくのを悲しみ、死体を見るたびに僧侶たちを大勢使って、成仏できるようにとその額に「阿」の字を書いて仏縁を結ばせた。4月と5月の2カ月の間、（京の都の）死者を数えさせると、道端にあった死体は総計4万2300あまりという。ましてやその前後に死んだ者も多く、鴨川の河原や、周辺地域を加えると際限がないはずである。いわんや全国七道を合わせたら限りがないことである。

源平の争乱は、養和の前の治承4年（1180）に以仁王と源頼政の挙兵に端を発したから、当時は「治承寿永の乱」と呼ばれていたんだ。

この養和の飢饉の前にも、2年間も飢饉が続いていたと記されています。飢饉というものは単年では終わらないものなのです。また、地方からの物資が京に届かなくなったということから、ちょうど東国で源頼朝や源義仲が平氏打倒の兵を挙げて物資を抑留したため、京に穀物が入らない事態となっていた、という背景も読み取れます。

このような情勢のなかで、養和2年（1182）5月27日に「養和」から「寿永」に改元されました。この養和の大飢饉の最中に平清盛が没し、源平の争乱はいよいよ本格的になっていくのです。

♣ 琵琶湖の一部も干上がるほどの地震の記録

『方丈記』にはさらに、元暦2年（1185）の文治地震について記述されています。**文治地震は京都大地震ともいわれていて、**今の京都の岡崎付近や比叡山などで被害が大きかったといわれています。

京都文治地震を記した江戸時代に出版された『方丈記』の挿し絵
（国立国会図書館蔵）

> **現代語訳**
>
> 元暦2年の頃、大地震が襲ってきたことがあった。山は崩れて川を埋め、海が傾いて津波が押し寄せた。地面は裂けて水が湧き上がり、岩は割れて谷に落ち、渚を漕ぐ舟は波に漂い、道を行く馬は足元が定まらない。都のあちこちでは、一つとしてまともな建物はなく、あるものは崩れ、あるものは倒壊してしまった。そして塵が煙のように舞い上がり、地が揺れ家が壊れる音は雷のようだ。家のなかにいたならば、たちまち押しつぶされたであろう。走って外に出れば地面は割れてしまう。……恐ろしいもののなかでもとりわけ恐ろしいものは、地震なのだと実感したことだ。

> この地震は壇ノ浦の戦いの約4カ月後に発生したから、『平家物語』には、「みな平家の怨霊によるものだと語り合った」と記されているんだよね！

この地震が起きたのは元暦2年7月9日なのですが、1カ月後の8月14日には「文治」と改元されたため、「文治地震」と呼ばれています。地震の専門家は、さまざまな文献史料や発掘調査結果を総合して、規模はマグニチュード7.4と推定しています。琵琶湖が一部干上がったなどの記録もあり、琵琶湖西岸の活断層の一部が動いたのではないかとも見られているそうです。琵琶湖自体も断層によって形成された断層湖ですから、十分にあり得ることなのでしょう。

エピソード4　何かが起こると年号が変わる〜災異改元〜

彗星出現による改元

✤ 彗星と流星

　改元理由としてめずらしいものに、彗星出現があります。彗星とは太陽系の小天体の1つで、メタン・アンモニア・鉄などを含む氷や塵でできています。太陽から遠いところでは核が凍りついているため尾を引くことはなく、小惑星と区別がつきません。太陽に接近すると、その熱で氷が溶けてガスや塵が噴出し、**特徴的な長い尾が形成されます**。多くの彗星は楕円軌道を描いていて、数年から数百年に一度、太陽の近くに戻ってきます。
　日本では「箒星」と呼ばれましたが、「彗」にも箒という意味があります。

✤ 彗星出現は不吉なできごとの前兆

　古来、**星占いの盛んな国々では、彗星出現は不吉なできごとの前兆**として恐れられていました。箒は魔女の乗り物と理解されていたからでしょうか。ヨーロッパでは、特に恐れられていました。
　ただし、日本人は昔から星にほとんど関心がなく、彗星出現をはじめとする天文的怪異現象を恐れるようなことはありませんでした。しかし唐から陰陽道❶が伝えられると、**陰陽師によ**

流星は一瞬で消えてしまうけど、彗星は尾を引いたまま止まって見えるよね！

❶陰陽道
古代中国の陰陽（いんよう）五行（ごぎょう）説に基づいて、自然現象を説明し人間の吉凶を判断する学問。後に俗信化した。

36

る天文観測が行われるようになり、**日本でも彗星出現を不吉な怪異現象として恐れるようになりました。**

彗星出現による改元は7回あり（異説もある）、10世紀末から14世紀初頭に限られていますが、これは**陰陽道の盛んだった時期と重なっています**。ちなみに陰陽師としてよく知られた安倍晴明は、10世紀末に活躍していました。彼は天文博士の役職にあって、天文現象の異常があれば、すぐに朝廷に報告することが重要な職務でした。

❀ ハレー彗星の出現

彗星のなかでも**ハレー彗星は、約76年周期で地球に接近し**、肉眼でもよく見えます。そのため記録にも残り、これが原因で改元されたことが2回あります。なお次の出現予定は、2061年7月28日となっているそうです。

永延3年（989）のハレー彗星出現については、平安時代の歴史書に、「6月1日、彗星が東西の空に見えた。……7月中旬、連夜彗星が東西の空に見えた」と記されています。また同じく『扶桑略記』という歴史書には、「彗星天変によって、永延3年から永祚元年と改元した」と記されていて、彗星出現を「天変」と表しています。

鎌倉時代初期の公卿の日記には、「彗星が西のほうに見えた。南西の方角寄りに光の尾の長さは5、6尺で、月に照らされている。……去年の冬以後は重大な異変が度重なり、今日の異変にいたっている。恐ろしい、恐ろしい」とあり、当時の人がいかに彗星を怖がったかがよく表れています。

また、同じ鎌倉時代の歴史書には、「政所など幕府の主要な建物が燃えてしまった。……夜に彗星が出現し、正月4日から今日までなかなか消えない」と記されていて、あたかも鎌倉幕府の火事と因果関係があるかのように、彗星が出現していたことが書かれています。そして延応2年（1240）7月16日、このような彗星出現の不安を背景として、「仁治」に改元されました。

彗星出現による改元
永延3年（989）8月 →「永祚」に改元 ハレー彗星出現、「彗星天変に依る」
永長2年（1097）1月 →「承徳」に改元 「彗星西方に見ゆ。…天変地震に依る」
長治3年（1106）4月 →「嘉承」に改元 「奇星見ゆ」
天仁3年（1110）1月 →「天永」に改元 「彗星に依る…、長十余丈」
天養2年（1145）2月 →「久安」に改元 ハレー彗星出現、「彗星に依る」
延応2年（1240）7月 →「仁治」に改元 「彗星地震に依る」
乾元2年（1303）1月 →「嘉元」に改元 「炎旱彗星に依る」

※「　」内は史料の原文の表記。

04　何かが起こると年号が変わる〜災異改元〜

エピソード4 何かが起こると年号が変わる〜災異改元〜
地震による改元

❖ 地震による改元は21回！

　平成年間には大規模な地震災害が何回も起きました。その恐ろしさは日本人ならよくわかっています。現在では地震発生のメカニズムは明らかにされています。しかし、古の人にとっては、地震は前触れなしに突然発生する天変地異でした。地震は同時に広範囲の人が体験しますから、日記などに記録が残りやすく、いつどこで地震があったかは、そうした史料に基づくと、細かいところまで明らかになっています。

　地震による改元は、合計21回におよびます。もちろん実際には地震だけではなく、他の要因を含む、複合的な理由で改元されることが多いのですが、地震はさまざまな災異改元要因のなかで、疫病に次いで2番目に多いものです。

❖ 平安時代、地震による改元が始まる

　地震による最初の改元は、承平8年（938）5月22日、「承平」から「天慶」への改元でした。それ以前にも大規模な地震があったはずですが、改元理由にならなかったのは、災異としての地震に対する理解があまり深刻なものではなかったからでしょう。

地震が災異現象だった頃の人々は地震に対して現代人以上に恐怖心を持っていた。だから、現代なら恐れるほどではない地震も克明に記録されているんだ。

前年の11月には富士山が噴火し、不安が募っていましたが、年が明けて4月15日に大地震が起こり、京の都では多くの寺院が倒壊しました。同月18日には宮城の建礼門前で大祓えが行われ、また**賀茂社の祭（賀茂祭、今の葵祭のこと）も中止されました。多くの死者が出る地震が「穢れ」と理解されていた**ことがよくわかります。

翌月28日には、最勝王経という護国の経典が転読（全巻を読すること）されているぞ。この経典は奈良時代に国分寺が創建された時に、国家の安泰を祈念する経典として特に重視されたものだったんだ。

余震も続発し、8月6日深夜の地震に際しては、天皇はさらなる余震を恐れ、庭に屏風で囲った御座を移して避難するほどでした。

しかし、せっかく改元したにもかかわらず、天慶年間には承平年間に始まった平将門と藤原純友の反乱が関東と西国であいつぎ、後に**「承平天慶の乱」と呼ばれる地方の戦乱**が続きました。

天慶年間は10年間も続いたんだって！ 平均の約2倍だね。

♣ 最後の地震による改元は江戸時代

地震による最後の改元は、嘉永7年（1854）11月27日、「嘉永」から「安政」への改元でした。

前年の6月にはアメリカ東インド艦隊司令長官であるペリーが「黒船」4隻を率いて浦賀（神奈川県横須賀市）に来航し、翌年の3月には日米和親条約が締結され、その対応をめぐって日本国内は大混乱に陥っていました。

そうしたなか、11月4日、熊野灘・遠州灘沖から駿河湾を震源とする、マグニチュード8.4、最大震度7と推定される巨大地震が発生しました。これを**「安政東海地震」**といいます。

藤田東湖をしのぶ
小石川後楽園（東京都文京区）内の石碑

　そして32時間後の翌5日には、四国の室戸岬沖から紀伊半島の潮岬沖あたりを震源とし、マグニチュード8.4、最大震度6強と推定される巨大地震が続きました。これを**「安政南海地震」**といいます。

　地震が発生した時の年号は嘉永ですから、本来ならば「嘉永の大地震」なのですが、「嘉永7年元日に遡って改元された」と見なして、**「安政の大地震」**と呼ばれています。

　改元の翌年になっても地震が続発します。安政2年（1855）10月2日には、江戸でマグニチュード6.9、震度6と推定される大地震が発生しました。

　幕末に水戸藩で尊王攘夷思想を説き、多くの志士たちに影響を与えた**水戸学の学者、藤田東湖**は、地震発生時に江戸小石川（今の東京都文京区）の水戸藩邸にいたのですが、崩れ落ちる建物から母を護ろうとして自身は下敷きになりました。覆い被さるようにしてかろうじて母を助けた後、彼は力尽きて圧死しています。**水戸藩邸跡には、藤田東湖をしのんで「藤田東湖先生護母致命之処」と刻んだ石碑が立てられました。**

この石碑は道路拡張の時に、小石川後楽園（水戸徳川家の江戸上屋敷内の庭園で、現在は都立公園として公開されている）に移されたんだ。石碑のあった場所には現在、「藤田東湖護母致命の処」という案内板が立てられているぞ。

安政2年江戸大地震火事場の図
家が倒れて火がのぼり、逃げまどう人々の様子が描かれている。

地震のメカニズム

　安政年間は7年続きますが、**日本史上まれに見る政治的混乱の始まった期間**でした。「安政の五カ国条約」と呼ばれる修好通商条約や将軍継嗣（将軍のあと継ぎ）問題をめぐる対立と、その結果である安政の大獄、貿易開始による経済の混乱などが起きたのです。このように**幕末にいたる政治的混乱は、安政年間に始まった**ということができるでしょう(→p.83)。これらの政治的激震があまりにも衝撃的であったため、安政の大地震は影が薄くなっていますが、安政の大地震だけでも、幕藩体制を揺るがすのに十分なエネルギーを持っていました。「安政」という呼称が、じつに皮肉に聞こえます。

　安政に発生した一連の大地震は、駿河湾から四国沖にかけての深海底にある、溝状の「南海トラフ」一体が震源地であると考えられています。南海トラフはフィリピン海プレートと、日本列島の乗るユーラシアプレートの境界にあり、海側のプレートが陸側のプレートの下に沈み込む際に蓄積されるひずみによって、地震が発生します。これまでも100〜200年の間隔をあけて、巨大地震の震源地となってきました。

　安政の大地震は1854年に発生したので、次の南海トラフ地震はいつ起きてもおかしくありません。関東から九州の太平洋沿岸を中心に、激しい揺れや津波が広範囲にわたり、甚大な被害が広範囲におよぶことが予想されます。

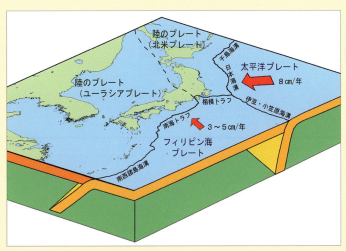

日本列島のまわりのプレート構造模式図
（気象庁ホームページより）

04　何かが起こると年号が変わる〜災異改元〜

エピソード 5
良いことが起こる前触れで年号が変わる
〜祥瑞改元〜

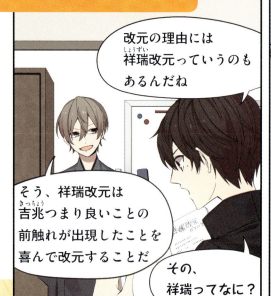
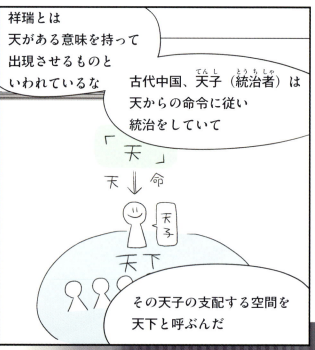

エピソード5 良いことが起こる前触れで年号が変わる 〜祥瑞改元〜

改元されるには理由がある問題

❖めでたいことの前触れが現れる！

　祥瑞改元とは、祥瑞、つまり**めでたいことの前触れである吉兆が出現したことを契機として改元すること**です。その祥瑞は、「天」がある意図をもって出現させるものとされていました。

　古代中国において「天」とは、自然界にある空や宇宙などと呼ばれているものではなく、**地上の一切の事物を主宰する超越的・絶対的存在**でした。そして天の命令、つまり天命に従って**政治を行う統治者は「天子」**であり、**天子が支配する空間は「天下」**と呼ばれることになります。

> 天命を受けた天子は、天の「絶対性」と「正統性」を受け継いでいることになるから、統治を正当化する良い理由付けになっていたんだね。武力・戦いによって王朝が断絶することのある中国においては、このような「天命思想」は、統治者にとってはもっとも重要なものだったわけだな。

　そして**統治者が徳のある善政を行えば**、それに天が感応して**吉兆を出現**させてその政治を祝福しますが、**天命に反して悪政を行えば**、警告や懲罰の徴として、**天変地異を出現**させると理解されていました。またこのような祥瑞は、帝王の誕生や改元や新王が王位に就く前にも出現するとされていました。

❖日本における祥瑞理解

　そのような祥瑞理解がそのまま日本に伝えられていたことは、祥瑞が頻繁に出現する天武天皇の時代の、『日本書紀』天武12年（683）正月の詔によく現れています。

それには、「私が即位して以来祥瑞がたくさん現れたが、聞くところによれば祥瑞とは、天子の政治が天の道にかなうものである時に、天から示されるものであるという」と、**天命思想に基づく祥瑞の意義が述べられています。**

　もっとも日本では、神は「天」だけではなく、古来**「天神地祇」と称して、八百万の神が天上地上にいると信じられていました**から、中国の「天」の思想とは微妙に異なる部分もありました。特に天皇は天照大神の直系子孫と信じられていましたから、**政治の善悪で天皇の地位が揺らぐことはなく、**中国のように天道にかなう政治を行わなかったために天命を失い、革命が起きて王朝が打倒されるということはありませんでした。

❁祥瑞にはどんなものがあるのか

　祥瑞の具体的内容については、唐の玄宗皇帝の命令によって編纂された『大唐六典』という書物に、**大瑞・上瑞・中瑞・下瑞の４段階に分けて**詳細に記録されています。これはそのまま日本に伝えられたと考えられます。10世紀初頭に編纂された律令の施行細則である『延喜式』巻21の「式部省式」には、丸写しのようにして載せられています❶。**当時の日本は、まるで優等生のように唐の制度を忠実に模倣**しようとしていたのです。

❶祥瑞の区分
大瑞　慶雲・鳳・神亀・龍・神馬・
　　　白象・一角獣・慶山・醴泉
上瑞　白狼・白狐・白鹿・甘露
中瑞　白鳩・白雉・赤狐・赤豹
下瑞　芝草・木連理・神雀・黒雉
「延喜式」治部省式（１～４条）による

六国史に見える祥瑞

六国史	動物	動物以外
日本書紀	白鹿・白狐・白雀・白雉・白鷹・白鵲・白巫鳥・白蝙蝠・白山鶏・白蛾・瑞鶏2・四足鶏・赤烏2・赤雀・三足雀・赤亀・「申」字亀・十二角犢・麟角	芝草2・百合花・白海石榴・瑞稲2・嘉禾2・甘露・醴泉
続日本紀	白鷰・白亀13・白鹿5・白馬・白狐4・白鼠4・白雉10・白烏11・白鳩6・白鷲5・白雀4・白鷹・赤烏5・赤鷲3・玄(黒)狐2・神亀2・霊亀3・神馬6・神虫	木連理8・嘉禾(稲)2・嘉蓮・奇藤・甘露2・慶(景)雲8・醴(美)泉・和銅
日本後紀	白烏2・白雀5	木連理2
続日本後紀	白亀4	慶雲6・五色雲・芝草
文徳天皇実録	白亀5・白鹿2・白雌雉	甘露8・紫雲2・木連理6
日本三代実録	白亀5・白鹿5・白雉4・白烏雛・白燕2・白雀3・白猿・白兎・白鷺・奇亀	木連理28・蓮一茎二花・嘉禾4・禾両岐2・慶雲2・五色雲4・紫雲5

※赤字は白い（albino　先天性色素欠乏症）動物、数字は登場した回数
（「日本の古代王権と神獣」特集号　愛知県立大学　学術フォーラム神獣と古代王権）丸山　裕美子より引用

44

『日本書紀』から『日本三代実録』にいたるいわゆる六国史のなかから、**祥瑞の発見・献上の記録がまとめられています**ので、日本では実際にどのようなものが祥瑞とされたのか見てみましょう。これだけ調べるのには、大変な労力が必用であったことでしょう。敬意を表しつつ借用します。

✿祥瑞の献上と恩賞

　祥瑞の出現が改元の契機となり、それにともなって恩賞が与えられるとなると、人の心理の常として、祥瑞探しに躍起になる役人もいたことでしょう。「養老令」という奈良時代に作られた法律の注釈書である『令義解』には、祥瑞について上奏するための公文書の形式文案が、あらかじめ用意すべきものと定められています。さらに、国司や郡司が祥瑞を中央官庁に報告した場合、その記録は勤務評定の対象になるので、治部省から式部省（→右図参照）などへ送ることまで定められています。そこまであらかじめ決められていたということは、そのようなことがたびたびあったのでしょう。

　これらのなかで実際に改元にかかわった例は、**白雉・神亀・霊亀・慶雲・和銅**や、**養老の改元に関係ある醴泉**くらいのものですが、報告される祥瑞があまりにも多すぎて、その都度改元するわけにもいかなかったのでしょう。こうした祥瑞改元が行われるのは平安時代前期までで、それ以後は代始改元は別として、災異改元がしばしば行われるようになります。祥瑞改元には、みなそれぞれに興味深い逸話があります。そのうちいくつかを選んでお話ししましょう。

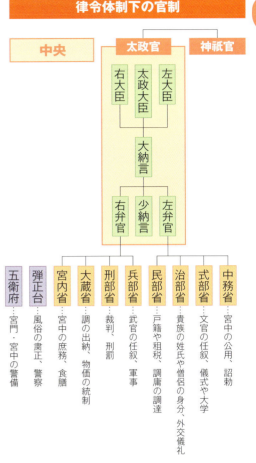

大勢の人たちが祥端探しをしたんだろうね！

05　良いことが起こる前触れで年号が変わる〜祥瑞改元〜

45

エピソード5

良いことが起こる前触れで年号が変わる〜祥瑞改元〜
白雉の出現による改元

❖ 白い雉（きじ）が献上される！

最初の祥瑞改元は孝徳天皇（こうとく）の時に行われました。大化（たいか）6年（650）2月9日、長門国（ながと）（今の山口県）から白雉が献じられたのです。白雉は祥端の区分のなかでは中瑞に相当し（→p.44）、すぐに改元を行うほどではありません。そこで孝徳天皇は識者に意見を求め、それを受けて改元の詔を出すことにしました。『日本書紀』の「孝徳天皇紀」にその時の応答が細かく叙述されていて、祥瑞改元がどのようなものであったのかがよくわかります。

白い動物を祥端として献上することがとても多かったんだ。

隋・唐に長年学んでいた経験のある僧旻（みん）は、「**王の徳が四方におよぶ時に白雉が現れます**。また王の祭祀（さいし）が正しく、宴や服飾に節度があり、王の行いが清楚（せいそ）で、仁の徳のある聖王の時に白雉が現れます」と答えました。

また、有力な豪族であった巨勢大臣（こせのおおおみ）が、「**陛下が徳を以て天下を治められましたので、白雉が現れました**。これからいつまでも平らかに、この国をお治めください。役人も民も心を尽く

してお仕えしたく願っております」と答えました。

そこで、孝徳天皇は次のように詔をしました。

「聖なる王が世に出て天下を治める時、天がそれに応えて祥瑞を顕す。昔、周の成王、漢の明帝の時に白雉が現れた。応神天皇の世に白鳥が宮に巣を作り、仁徳天皇の時には龍馬が西に現れた。古くから祥瑞が現れて徳のある君主に応えた例が多い。**いわゆる鳳凰・麒麟・白雉・白鳥などの鳥獣や草木にいたるまで吉兆が現れるのは、みな天地の生み出す祥瑞**である。英明な君主がこのような祥瑞を受けるのはもっともであるが、私のような者がそれを受けることができようか。これは、補佐してくれる者たちが各々誠を尽くしてくれるからである。今後もみなで心を清白にして神々を祀り、みなで祥瑞を受け、天下をいよいよ栄えさせてほしい。……**長門国に喜ばしい祥瑞があった。それゆえ、天下の罪人を赦し、元（はじめのとし）を白雉と改める**」と。

想像上の動物である麒麟（東京都中央区日本橋）
日本橋の中央欄干に設置されたこの像は、道路の起点から飛び立つというイメージから、羽をつけた造形となっている。

❀改元されて「白雉」となる

このようにして「白雉」は「大化」に続く年号として定められましたが、これも大化同様、広く通用した形跡がありません。そして白雉5年（654）に孝徳天皇の死去にともなって使われなくなってしまいます。その後『日本書紀』によれば、天武天皇の時代には白雉・白鷹・白鵄・瑞鶏・朱雀・三足雀・甘露の他、多くの祥瑞が献上されています。祥瑞を献上すると褒美がもらえるので、それ目当てに祥瑞探しをしたのではと思いたくなるほどに頻出しています。しかし、どれも改元の契機にはなりませんでした。そして686年に次の年号である「朱鳥」が定められるまでの間、年号は断絶してしまいます。

ここに出てくる祥瑞は空を飛ぶものばかりだね。甘露も天から下ってくるものと考えられていたんだ。「祥瑞は天が地上に下すもの」っていう考えなんだ。

05 良いことが起こる前触れで年号が変わる〜祥瑞改元〜

47

エピソード5
良いことが起こる前触れで年号が変わる〜祥瑞改元〜
金や銅の発見による改元

❖ 対馬で金が発見された？

次は、「大宝」という年号についてお話ししましょう。

最初の年号は「大化」でしたが、大化の次の「白雉」の後は一時的に断絶してしまいました。**今日まで続く元号制（年号制）の最初の年号といえば、それは「大宝」**ですので、これに触れないわけにいきません。「大宝」という大変おめでたい年号には、最後の最後にとんでもないけちがつくのです。

文武天皇2年（698）12月、対馬で金が発見されたらしいという情報が朝廷にもたらされ、精錬が命じられました。

『続日本紀』巻1の文武天皇2年12月辛卯（5日）には、**「対馬嶋に金鉱を冶かしむ」**と記されています。しかし、その後の吉報がなかなか届きません。そこで大納言の大伴御行は、時期は不明ですが、精錬の技術を持つ三田五瀬を対馬に派遣しました。彼は雑戸という低い身分の者でしたが、新羅からの渡来人で、そのような技術に優れていたのでしょう。

『日本書紀』によれば、天武天皇2年（674）に対馬で産出した銀が献上されていますし、後の『延喜式』にも対馬の調（税の一種）として銀が指定されていますから、対馬銀山が開発されていたのは事実です。また鉱物学的には、銀山で金が伴出し

てもおかしくはありません。そして、ようやく**文武天皇5年（701）に対馬から金が献上されました**。大いに喜んだ文武天皇は、ただちに701年3月21日、**新たに「大宝」という年号を建てました**。これより前は年号は一時的に断絶していたので、この場合は改元とはいえません。それでもこの大宝以後は、現在まで途切れることなく年号が続いていますから、大変に意義のある年号であるわけです。

対馬の銀山神社
古代の坑道も残されている
地域に立つ神社
（長崎県対馬市厳原町）

❖ 献上された金は本物か？

三田五瀬はおそらく本物の金を持ち帰ったのでしょう。本物の金かどうかは、持ってみれば比重ですぐにわかるからです。水の重さが1cm³あたり1gなのに対して、金の重さは19.32g。水の20倍も金が重いわけですから偽物であればすぐに見破られてしまいます。彼には地方長官級の位が授与され、対馬の諸役人の位も上がり、この時すでに亡くなっていた大伴御行にも、遡って右大臣の位が授けられました。そして新たな年号も定められ、ここまではめでたい話として終わるはずだったのです。

ところが、**この金の献上は詐欺だった**といわれています。

『続日本紀』には、金の献上にかかわった者たちに位や恩賞を授ける記事に続けて、後に三田五瀬の詐欺が発覚し、大伴御行がだまされていたことが判明したという記事が残されています。金の献上自体をごまかすことはできませんから、五瀬が献上した金は対馬産ではなかったことになります。恩賞目当てに五瀬がだましたのか、五瀬が誰かにそそのかされたのか、細かいことは不明です。大伴御行自身はすでに故人となっていましたので、責任の問いようがなかったのでしょう。このような残念な結果になってしまったのですが、この事件によって改元されることはなく、「大宝」の年号は祥瑞改元による次の「慶雲」まで用いられ続けました。

05 良いことが起こる前触れで年号が変わる〜祥瑞改元〜

対馬と朝鮮半島は晴れていれば見て確認できる距離だから、おそらく朝鮮半島からひそかに運び込まれたんじゃないかな。

✤ 和銅の発見にまつわる人物

さて、次は「和銅」です。『続日本紀』には、元明天皇の慶雲5年（708）1月11日、**武蔵国から和銅が献上され、「慶雲」から「和銅」に改元された**と記されています。「和銅」とは、銅鉱石に含まれる銅ではなく、**天然の状態ですでに銅になっている自然銅**のことです。

それにしても銅があることがなぜわかったのでしょうか。

そのヒントが元明天皇の詔にあります。

「無位の金上元に並に従五位下を授く」と記されているのです。位階も何もない庶民である「金上元」という人物に、いきなり従五位下という位が授けられたのです。「従五位下」という位は、地方長官である国司級の位であり、現在なら県知事にも当たる役職です。また、「金」という姓から見て渡来人であることは明らかです。これをどのように理解したらよいのでしょうか。

可能性があるのは、金上元が渡来人で、銅の鉱石や精錬についての知識や技術を持っていたということです。7世紀後半、天智天皇の頃に、百済や高句麗の滅亡によって、朝鮮から千人単位の多数の難民が日本に亡命してきました。朝廷は彼らを集団で東国の各地に入植❶させたのですが、武蔵国にもたくさん入植しています。金上元は、おそらくそのなかの1人だったと考えられます。そうであれば、無名の庶民が突然、従五位下という位を授けられたことにも納得できるのです。

さて、和銅の献上によって改元されましたが、影響はそれだけに終わりませんでした。まず**同年（708）2月15日には、平城遷都の詔が出されます**。もちろん遷都することは和銅献上以前から検討されていたことで、急に決まったことではありません。しかし、和銅献上で弾みがついたことは確かでしょう。

さらに**同年5月には和同開珎の銀銭の鋳造**が始まり、8月には銅銭の鋳造が始まりました。このように和銅の発見と献上は、国家的な慶事であったわけです。

この時、銅が発見されたのは現在の埼玉県秩父市黒谷というところで、現在も採掘した跡が残っているんだ！

❶入植
開拓のために移り住むこと。

和同開珎
（日本銀行貨幣博物館）

エピソード5
良いことが起こる前触れで年号が変わる〜祥瑞改元〜
醴水の発見による改元

❖ 湧水（わきみず）と元正天皇

　霊亀3年（717）9月20日、女帝の元正天皇が美濃国（今の岐阜県）に行幸しました。その地の多度山の湧水で天皇が顔や手を洗ったところ、肌が滑らかになり、痛みのあるところを洗うと痛みがなくなり、大いに効果があったというのです。喜んだ元正天皇は、この湧水は「醴泉」であるとして、同年11月17日、「養老」に改元しました。

　時に天皇は37歳ですから、当時の基準（40歳を「初老」といっていた）では若くはありません。また女性ですから、ことさらに嬉しかったのでしょう。「醴泉」は祥瑞のランク付けでは最上位の大瑞ですから、十分に改元理由になるものでした。

　この時、全国の80歳以上の老人には位一階を授け、80歳、90歳、100歳以上の者に、年齢に応じて真綿・布・粟などを与え、身寄りのない者や病人や自活できない者を救済するようにと、まさに「養老」の実践が命じられています。

　岐阜県「養老郡養老町」には今もこの多度山がありますが、元正天皇ゆかりの湧水を特定することはできていません。

「醴泉」とは「甘い味のする湧水」と定義されているけど、実際に甘味があるわけではなく、霊験あらたかな水という意味だろうね！

エピソード5
良いことが起こる前触れで年号が変わる〜祥瑞改元〜
めずらしい亀による改元

❖ 奈良時代の亀の年号

　祥瑞改元の最後の例として、亀についてお話ししましょう。奈良時代には「亀」の字を含む、**霊亀・神亀・宝亀の3つの年号がありますが、いずれもめずらしい亀の献上が契機となっています**。『続日本紀』によれば、「霊亀」の時に献上された亀は、左目が白く、右目が赤く、頭に三台星（北極星を囲んで守護するとされる3つの星）の模様があり、背中には北斗七星の模様があったのです。前後の足には『易経』（古代中国の占いのテキスト）でいう占いの卦を示す模様があり、腹には赤と白の点があり、それが連なって「八」の字となっていた、というのです。**平安時代前期の「嘉祥」や「仁寿」の改元に際しても、白亀が献上されています**。

❖ 不老長寿の象徴

　亀は古来、中国では神聖な動物とされていました。最初に登場するのは紀元前十数世紀の殷代に、亀甲（亀の甲羅）や獣骨に文字が刻まれたことでしょう。神意を占う道具として亀甲が選ばれているのは、文字を刻みやすい扁平な形状もさることながら、亀の神性と無関係ではありません。

どんな亀なのかなあ。実際には、そのように見えなくもないという程度なんだろうなあ。

52

良いことが起こる前触れで年号が変わる〜祥瑞改元〜 05

また麒麟・鳳凰・竜とともに霊妙な動物として「四霊」に数えられたり、青龍・朱雀・白虎とともに、蛇と亀が一体となった玄武が方角を掌る「四神❶」とされていました。よく亀が石碑や柱の台座になっていることがありますが、これは亀が大地を支えているという神仙思想によるもので、「亀趺」と呼ばれています。このように、亀は不老長寿の神聖な動物と理解されていました。

古代中国におけるこうした亀の理解は、そのまま日本に伝えられています。浦島太郎が亀を助けたことから、海のなかの常世の国に招かれたことは、誰もが知っていることでしょう。また『万葉集』の、藤原京造営に駆り出された労働者が歌った長歌のなかに「わが国は永遠に栄えるだろうという吉兆の文様を背中に持つ神聖な亀も、新たな御代だとして出てくる」という意味の部分があります。このことから、都の造営に当たり、亀がそれを祝福する祥瑞として出現したという理解を、庶民までが共有していたと考えられます。

平成12年（2000）に発見された、斉明天皇の「両槻宮」と推定される遺構から発見された飛鳥亀形石も、不老長寿を祈念するものと推測されています。現代人にとっては単なる亀ですが、当時の人にとっては、神仙の世界につながる神聖な動物だったのです。

❶四神
東西南北の四方を守る神（守護神）。東の青龍、西の白虎、南の朱雀、北の玄武の霊獣を四神という。日本では、7世紀末～8世紀初めにつくられたキトラ古墳や高松塚古墳（いずれも奈良県高市郡明日香村）の東西南北の壁面に、この四神が描かれていた。

❖「天平」にうごめく陰謀

亀にかかわる年号で、もっともよく知られ、かつ曰くあり気なのが「天平」です。この改元の伏線には、「長屋王の変」という歴史の教科書でも有名な事件がありました。

長屋王は天武天皇の孫で、妻の吉備内親王は元正天皇の妹という、当時、大きな権力を持った政治家でした。同じように権力者だった藤原不比等の亡き後、まだ若い不比等の4人の息子たち（藤原四子）が対抗できる相手ではありませんでした。

しかし、時の聖武天皇の母は不比等の娘の藤原宮子であり、夫人はその妹の藤原光明子であり、藤原氏と深い血縁関係にあ

亀形石造物遺構
平成12年の発掘調査で亀形石造物（手前）と小判形石造物（中央）が見つかり、水源から排水までの導水構造が解明された。

藤原氏略系図

```
天武天皇    藤原鎌足
  │          │
草壁皇子   藤原不比等
  │     ┌───┼───┬───┬───┬───┐
橘三千代 │   │   │   │   │   │
  ├──┬─┴─┬─┘   │   │   │   │
文武  宮子 長屋王 麻呂 宇合 房前 武智麻呂
天皇      吉備内親王(藤原京家)(藤原式家)(藤原北家)(藤原南家)
  │          │
  ├──光明子  │
聖武天皇─────┘
  │
孝謙天皇
```

りました。そのため、**藤原氏の復権をねらう不比等の息子たちは、何かにつけて長屋王と対立していました。** そんな時、彼らの妹である光明子が生んだ皇子が、生後1年も満たずに死んでしまったため、長屋王の皇子が有力な皇位継承者となる可能性が出てきました。藤原氏にとっては、長屋王はどうしても抹殺しておかなければならない相手となりました。

神亀6年（729）2月10日、陰謀により長屋王に謀反の疑いありとする密告がありました。長屋王の館を兵士が取り囲むなかで厳しく訊問した結果、2月12日、**長屋王は家族とともに服毒自殺に追い込まれた**のでした。

これが「長屋王の変」といわれる事件です。

そして、同年6月20日、藤原四子の末弟である藤原麻呂が、河内国の住人が見つけたと称する亀を、聖武天皇に献上しました。その甲羅には「天王貴平知百年」という文字が見えました。これは「天皇の治世は貴く平和で、100年も長く続くであろう」という意味ですから、聖武天皇は大いに喜び、8月5日、亀の甲羅の文から2文字をとって「天平」に改元したのです。この祥瑞は、褒美欲しさに、亀の甲に細工を施したものであることは明々白々です。それでも藤原四子にとっては、改元の口実となりさえすれば捏造であろうと何でもよかったのでしょう。

しかしこの改元にも、後にけちがつくことになります。

天平9年（737）、天然痘により藤原四子は4月から8月にかけて相次いで病死してしまいます。

藤原四子が亡くなったのは、当時は長屋王を自殺に追い込んだ祟りだと噂されたんだけど、実際には互いに見舞いに行ったりして感染したんだろうな。

また、翌年（738）、長屋王の謀反を密告した張本人である中臣宮処東人が、かつて長屋王に仕えていた大伴子虫により斬殺

されてしまうという事件も起きました。2人はある時、政務の合間に囲碁をしていたのですが、たまたま長屋王のことが話題になったことから喧嘩となりました。大伴子虫は長屋王に恩を受けていたのに対し、中臣宮処東人は謀反をでっち上げて密告し、恩賞として無位から従五位の下という高い位や土地を与えられていましたから、大伴子虫は旧主の無念を晴らしたことになります。❶

「天平」という年号は、**「天平文化」に象徴される奈良時代の絶頂期の年号**であり、その意味するところもめでたいのですが、その裏では陰謀がうごめいていたのです。

❶『続日本紀』には、「東人は長屋王のことを誣告せし人なり」と記されている。誣告とは無実の人を訴えて陥れることで、国の正史である『続日本紀』が、長屋王の無実を証明していたといえる。

❖「祥瑞」か「災異」か

10世紀になると、祥瑞は報告されることもなくなりました。 祥瑞の出現を詳細に書き留めていた歴史書が『日本三代実録』以後は続かなかったことが大きな理由なのでしょうが、そればかりではなく、**祥瑞というものの理解が変わってしまったこと**も理由と考えられます。

平安時代中期以降には、災異改元が増えるのですが、**かつては祥瑞と見られていたものが、怪異現象と見られるようになっています**。例えば、長元2年（1029）には大宰府から白鹿が献上されたのですが、平安貴族の日記である『小右記』には、「怪しむべし懼るべし、驚くべし慎むべし」と記されています。**祥瑞を喜ぶよりは、めずらしく普通とは違うものを、驚き恐れている様子**がうかがえるでしょう。

天皇の地位の象徴として、龍や鳳凰・麒麟が天皇の衣服や周囲の調度品、また儀式の道具や貨幣などの工芸美術品に、祥端はその姿を残しています。天皇の乗る御輿の頂部には鳳凰が象られて「鳳輦」と呼ばれました。現代のいわゆる「お神輿」にもその名残が見られます。

時代祭りで見られる鳳輦 鳳凰の像が中央頂部に見られる。

エピソード6 何かが起こるかもしれないので年号を変える 〜革年改元〜

改元されるには理由がある問題

❖ 未来予言説

　改元理由のなかでも、もっともわかりにくいのが「革年改元」です。

　これは、**古代中国の「讖緯説」と呼ばれる未来予言説に基づいています**。「讖」とは本来は未来を占って予言した文のことで、「緯」とは儒教の経典である経書を神秘的に解釈したもののことなのですが、これらを合わせた「讖緯」とは、「予言」というような意味で用いられていました。その讖緯説によれば、**ある特定の干支の年に「革命」が起きるというのです**。この場合の「革命」は、共産主義革命やフランス革命のような、政治思想に基づく政治的変革のことではなく、**天命が改まって王朝が交替することを意味しています。**

　ただし、政権が交替しても王朝（天皇の系譜）の断絶がない日本では、**改元にかかわる「革命」とは、政治的混乱や災異が起こることを意味しています**。そのような混乱や災異を未然に防ぐために、厄落としや験直しとして改元をし、「革命」に先手を打つというわけです。**このような革年改元は、平安時代以降にしばしば行われるようになりました。**

日本では鎌倉や室町や江戸幕府が政治をしてた時も天皇がいたっていうことだね

❖ 甲子・戊辰・辛酉の年に何かが起こる!?

　「革年」とは干支が甲子・戊辰・辛酉（→p.76）の年のことで、この３つを合わせて「三革」といいます。**甲子の年には時の政令（制令）が改まる**として、これを**「革令」**といいます。**戊辰の年には機運が改まる**として、これを**「革運」**といいます。**辛酉の年には天命が改まって変革が起きる**として、**「革命」**といいます。

阪神甲子園球場（兵庫県西宮市）
「甲子園」という名付けは、球場が完成した大正13年（1924）が甲子（こうし、きのえね）の年であったことによる。

❶ 辛酉の年
『日本書紀』によれば、日本国の誕生日は「辛酉の年春正月」。神武天皇元年の干支が「辛酉」であることから、日本における基点の年とされた。明治6年から太陽暦が用いられ、換算された神武天皇元年は紀元前660年2月11日。今も建国記念の日として祝日となっている。

また辛酉の年を基点として❶、干支が一巡する60年を一元、それを21倍した1260年を一蔀とし、一蔀ごとに国家に大変革が訪れると説かれています。

このような讖緯説は中国の漢代に流行しました。

前漢の末期に登場し、この讖緯説をうまく利用して自らが帝位に就くことを正当化したのが王莽という人です。井戸のなかから「王莽を皇帝とせよ」と書かれた石が発見されたり、漢の高祖のお墓から「王莽は真の天子である」と書かれた銅箱が発見されるなど、不思議な現象があったとして、紀元8年に「新」を建国しました。その年は讖緯説の「革運」の年にあたっていました。しかし、結局すぐに滅ぼされ、後漢が成立したのですが、その後、**讖緯説は王朝の正統性を主張する重要な理論となったのです**。しかしそれは、同時に両刃の剣ともなり、後漢の時代には諸侯が王朝を批判する根拠にもなったのです。

❖ 菅原道真と予言

この未来予言である讖緯説は奈良時代には日本に伝えられていましたが、改元にかかわるようになるのは、次の平安時代、10世紀になってからのことです。**醍醐天皇の昌泰3年（900）、文章博士の三善清行が讖緯説に基づいて先輩の菅原道真に対して辞職勧告書を送りました**。そのなかには、次のようなきわどい予言が含まれていました。

「来年は辛酉の年で、天運は変革の年に当たる。2月は北斗七星の柄が東の方向を指す月で、きっと戦いが起きるであろう。……その時に凶事に遭い災いを受けるのが誰なのかはわからないが、弓を放てば、不幸な人に当たるだろう」とし、「（菅原道真が）右大臣を辞職して隠退されたほうがよろしいであろう」。

もちろん、その「不幸な人」とは道真を暗示しています。そしてほぼ予言通り、**翌年1月にライバルであった菅原道真が大宰府に左遷されてしまった**ため、人々は予言の成就に驚嘆してしまいます。すると清行は翌

太宰府天満宮・飛梅 大宰府に左遷された菅原道真の後を追い、主人を慕う梅の木が京都から一夜にして飛んでいったという話が、『源平盛衰記』に記されている。（福岡県太宰府市）

月には、今年は大変革命の年に当たるとして、改元を請う文章を上奏しました。これは一般には、**三善清行の「革命勘文」**と呼ばれています。なにしろ恐ろしい予言が的中した直後のことですから、朝廷も無視するわけにもゆかず、**昌泰4年（901）7月15日をもって、「延喜」と改元**しました。

本来はライバルであった菅原道真を隠退させるためだったのでしょうが、結果としては左遷にまで追い込む結果となってしまったわけです。

その後いくつかの例外はありますが、甲子・辛酉の年には改元するのが恒例となりました。

甲子の年の改元には、康保・万寿・応徳・天養・元久・文永・至徳・文安・永正・寛永・貞享・延享・文化・元治などがあり、辛酉の年の改元には、延喜・治安・永保・永治・建仁・弘長・弘和・永徳・嘉吉・文亀・天和・寛保・享和・文久など、平安時代以降江戸時代にわたって、じつに多くの例があります。

「何かが起こるかもしれない」予言に対して、災いを未然に防ごうとして、すごく長い間恒例として続けられたんだね。

日本最初の皆既日食観測

陰陽師として有名な安倍晴明が活躍していた頃、天延3年（975）7月1日の朝、日本の広い範囲で皆既日食が観測されました。『日本紀略』という歴史書には、「光がなくなって空が黒色となり、鳥が群をなして乱れ飛び、多くの星が見えた。そのため天皇の詔によって全国に大赦が行われた」と記されています。

この時は改元にまではいたりませんでしたが、大赦が行われたというのですから、天の怒りとして深刻に理解していたことがわかります。この年に54歳の安倍晴明は陰陽師として天文博士の役職に就いていましたので、史料はありませんが、この日食を当然観測し、朝廷に報告していたはずです。

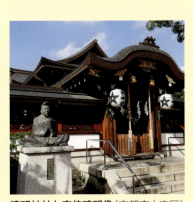

清明神社と安倍晴明像（京都市上京区）

59

エピソード7
2文字だけじゃなくて4文字の年号もある！

え、どうだろう？
でも平成、明治…俺の知ってる元号は
2文字のしかないし
2文字って決まりじゃないの？

元号についてまた問題だ
元号法には元号は
2文字じゃなきゃいけない
という決まりはあるか？

残念！
じつはそんな決まりはないんだ！
例えば奈良時代の後期には
5回連続で4文字の元号だったことがあるんだ

**天平感宝（てんぴょうかんぽう）、天平勝宝（しょうほう）、天平宝字（ほうじ）、
天平神護（じんご）そして、神護景雲（けいうん）だな**

天平感宝　天平勝宝　天平宝字
天平神護　神護景雲

5回つづけて
4文字の元号!!

へえ…え？
5回も続けて？
なんかこう…
いわくありげだね

わはは！　たしかにな！
天平感宝は
東北地方から大量の金が
献上（けんじょう）されたことをきっかけに
改元されているんだ
他のものについても
詳（くわ）しく見てみようか

エピソード7 2文字だけじゃなくて4文字の年号もある！

❖ 年号に文字数の制限はあるのか

　元号法には、元号は2文字でなければならないという規定があるわけではありません。また、歴史的にもそのような制限があったわけではありませんが、ほとんどの年号が2つの漢字の組み合わせでできています。しかし、奈良時代の後期には、4文字の年号が連続して5回続いたことがあります。
　それらは**天平感宝・天平勝宝・天平宝字・天平神護・神護景雲の5つ**で、いずれもなにかいわくありげな年号です。

東大寺の大仏は今でこそ黒っぽく見えるけど、できた当時は金ピカに輝いていたんだ。

❖ 日本で初めての4文字年号「天平感宝」

　まず初めの「天平感宝」ですが、天平21年（749）2月22日、陸奥国から900両の金が献上されたことによっています。折しも聖武天皇の発願によって、東大寺の大仏造営の工事が進められている時期であり、大仏を完成させる時に大量に必要となる鍍金（金メッキ）をするための金を、どのように入手するかが懸案となっていました。そのため、**金の献上は国家的な慶事**でした。
　この時、金を献上した陸奥の国司である百済王敬福は従五位上から従三位へ7階級特進し、金の発見者と思われる下従八位下他田常世と下従八位上小田根成も10階級以上特進して外従五位下の位を与えられています。
　現代に当てはめれば、市町村役場の係長がいきなり県知事に昇進したようなものですから、聖武天皇がどれほど歓喜したか想像がつくことでしょう。それで、701年に**対馬国からの金の献上によって「大宝」**と年号を建てたように、天平21年4月14日に**「天平感宝」**と改元したわけです。

大仏のつくりかた
① 木や竹などで大仏のだいたいのかたちをつくる。
② その上に土をぬりかためて塑像をつくる。
③ 塑像にあわせて土の外型をつくる。
④ 外型と塑像のあいだに溶けた銅を流しこみ、下から順に8回に分けて鋳造する。
⑤ 銅像に**金メッキ**をほどこして完成。

61

『続日本紀』には、「三宝（仏）と天神地祇（日本古来の天地の神々）と天皇霊のすぐれた霊験によって金が献上されたため、『天平』という年号にさらに文字を加える」と記されています。

「天平」をそのまま引き継いだのは、聖武天皇が「天平」に特別な思い入れがあったからなんだろうな。

さて**天平感宝元年7月、聖武天皇が譲位して聖武上皇となり、その娘が孝謙天皇として即位**しました。それと**同時に「天平勝宝」**と改元されました❶。この改元は、天皇の代替りに行われる代始改元（→p.26）であって、また新たにすぐれた宝物が献上されたというわけではありません。ですから、「感宝」を「勝宝」と言い換えただけと理解すればよいでしょう。

❶同じ年の7月2日に「天平勝宝」と改元されたため、天平感宝の期間は、わずかに3カ月と15日。年号のなかでは最短記録となっている。

✤ 蚕の卵で書かれた"宝字"による改元「天平宝字」

「天平宝字」への改元は、あまりに話ができすぎています。

天平勝宝9年（757）3月20日、孝謙天皇の部屋の塵よけの帳（カーテン）の裏に、「天下太平」という4文字が出現したというのです。雨漏りのしみの跡がそのように見えたのかもしれませんし、何者かが小細工をしたのかもしれません。

さらに7月には、藤原仲麻呂の排斥を企んだ橘奈良麻呂の反乱計画が発覚し、関係者が厳しく処断された直後、またしても怪しい文字が出現します。

8月13日、駿河国から蚕の卵で文字が書かれた台紙（蚕卵紙といわれる、蚕蛾が卵を産みつける台紙）が献上されました。そこには**「五月八日開下帝釈標知天皇命百年息」**と記されているというのです。この意味を調べさせたところ、「陛下が聖武上皇の1周忌の法会を行った誠の心に応えて、その法会の最終日である5月8日に、（仏国の守護神である）帝釈天が天の門を開ける。陛下の時代は100年もの長い間続くことを表したものである」との報告がありました。

日本では奈良時代から養蚕が行われていて、蚕がとても大切にされていたんだね！

62

喜んだ孝謙天皇は天下に大赦を行い、**天平勝宝9年8月18日に詔を出して、「天平宝字」と改元**したのでした。その詔には、「5月8日の5と8を並べると、つまり掛け合わせると5×8＝40で、天皇の年齢である40となる」と記されています。40歳というのは長寿の最初の祝いが行われる年齢でした。

> 「初老」を漢和辞典で調べると、「40歳のこと」と記されているよ。滑稽なほどに無理矢理こじつけた話になっているけど、舞い上がらんばかりに喜んでいる様子が伝わってくるな！　この時蚕の卵を献上した金刺舎人麻自は、無位だったんだけど、いきなり従六位上の位が授けられているんだ。

しかしそれにしても、蚕の卵で文字を書くことなんてできるのでしょうか。

蚕蛾は翅があっても飛べないので、台紙の上に置いてやれば、直径1mmの卵を一面に産みつけます。ですから文字の形を切り抜いた紙を上に重ねて何匹も放してやれば、そのように読める文字を象った蚕卵紙を作り出すことは可能でしょう。

孝謙天皇を有頂天にさせる珍妙な文字の出現はさらに続きます。天平宝字2年（758）2月27日、大和国司から次のような報告がありました。「大和の神山に奇妙な藤の木が生じて、その根を虫が囓った跡が**『王大則井天下人此内任大平臣守昊命』**と読める」というのです。天皇が博士たちにこの解読を命じたところ、「文字の順番を入れ替えて**『臣守天下。王大則井。内任此人。昊命大平。』**と読むべきである」というのです。謎めいた言葉があった場合、その語順を入れ替えて謎を解くということは、当時はめずらしいことではありませんでした。

この解釈は難しいのですが、「臣下が天下を守ろうと努めれば、君主は臣下を兼ね合わせてまとめるもので、内政をこの人に委任すれば、天下太平となるであろう」と理解できます。それなら「この人」が誰かということになるのですが、それは藤に象徴される藤原仲麻呂でしかありえません。かつて「天平」の改元の際に、「天王貴平知百年」という文字が読み取れる亀が献上されたことがありました（→ p.54）。これは長屋王を陥

蚕蛾（下）と
蚕卵（上）

れた藤原四兄弟の演出でしたが、この珍妙な文字の出現は、藤原仲麻呂の仕組んだことと見るのが自然でしょう。

光仁天皇の宝亀2年（771）5月23日にも、白原三成という人が蚕の卵で書かれた文字を献上し、稲を賜ったことが『続日本紀』に記されている。おそらくこれも、文字に見えるように蚕に産卵させたんだろうな。

きっと「2匹目のドジョウ」を狙ったんだよ！

❖ 藤原仲麻呂の乱の平定をたたえた「天平神護」

孝謙天皇（在位749～758年）のち称徳天皇（在位764～770年）

　天平宝字2年（758）8月1日、孝謙天皇が譲位して淳仁天皇が即位するのですが、孝謙上皇が病気になってしまいます。その上皇を看病した僧道鏡が寵愛されるようになると、藤原仲麻呂はしだいに政治から遠ざけられるようになりました。そこで仲麻呂は一気に権力を回復しようと、道鏡を排除するための兵を集めました。しかし、天平宝字8年（764）9月11日、密告によって計画を察知した孝謙上皇は先手を打って兵を差し向け、9月18日には仲麻呂を討たせてしまいます。これが藤原仲麻呂の乱、あるいは恵美押勝の乱と呼ばれる事件です。そして孝謙上皇は、10月9日に仲麻呂に後見されていた淳仁天皇を退位させ、自らは称徳天皇として再び即位しました。

　次の「天平神護」という年号は、この藤原仲麻呂の乱と密接な関係があります。改元されたのはその乱の翌年、天平宝字9年（765）1月7日のことで、称徳天皇即位にともなう代始の改元として行われました。『続日本紀』には、「**神霊の加護によって10日もかからずに敵を討つことができた**ので、『**天平神護**』と改元する」と記されていますから、「神護」という言葉は、藤原仲麻呂の乱を背景にして理解できるのです。

❖ 慶雲の出現による祥瑞改元「神護景雲」

　４文字の年号の最後は、「神護景雲」でした。天平神護３年（767）６月16日の申の刻（午後４時頃）、東南の空に７色に輝く美しい雲が見え、天皇自らもこれを確認しました。『延喜式』の治部省式にまとめられている祥瑞によれば、「慶雲」は大瑞となっています（→p.44）。もちろんその基準は『延喜式』以前から周知されていたことで、現代の人なら「たまたま虹が見えたのでは？」と思うでしょうが、これは**めでたいことの前兆、つまり国家的慶事と見なされた**わけです。そして２カ月後の天平神護３年（767）８月16日、「神護景雲」と改元されたのでした。「神護」が引き継がれたのは、**称徳天皇が藤原仲麻呂の乱で神に護られて勝利した**ということに、特別な思い入れがあったからなのでしょう。

　以上のように、奈良時代の後期に４文字の年号が５回続きました。初めの「天平感宝」は聖武天皇の時代ですが、以後はみな孝謙天皇の時代と称徳天皇の時代の年号です。しかし孝謙天皇が重祚❶して称徳天皇になっているのですから、後の４つの年号は、事実上は同じ天皇の時の年号ということになります。

❶重祚
一度退位した君主が再び即位すること。

則天武后と４文字の年号

則天武后（624～705年）

　孝謙（称徳）天皇の時代に続いた４文字の年号。これには彼女の特別な思い入れがあったのかもしれません。

　思い当たるのは、中国史上ただ１人の女帝として知られる則天武后（武則天）です。彼女は唐の皇帝の皇でしたが実権を握り、690年に国号を「唐」から「周」に改めて皇帝となりました。この則天武后が、「天冊万歳」「万歳登封」「万歳通天」という４文字の年号を建てているのです。705年、彼女の死によって国号は「唐」に戻りましたが、同じ女帝の孝謙天皇は、このことを知っていたのではないでしょうか。その後中国では４文字の年号が建てられたことはわずかにありますが、日本ではこの時だけでした。

エピソード 8
年号が2つある時期がある！

そういえば年号は同じ時代に1つしかなかったの？

いや、中国では複数の王朝がある時には同じ時代に複数あったぞ

日本でも、源氏と平氏の争乱の時はそれぞれが主張する年号を使っていたことがあったんだ

治承5年に治承から養和に改元されたけどこれを源氏は認めなかったんだ

養和2年に養和から寿永に改元されて「寿永二年十月宣旨」が出されようやく源氏も平氏と同じ寿永を使うようになった

ところが寿永3年に元暦に改元された時今度は平氏がそれを認めず壇ノ浦の戦いで滅亡するまで寿永を使っていたんだ

治承 → 養和　　　養和 → 寿永　　　寿永 → 元暦
　　　　　　　「寿永二年十月宣旨」

他にも、2つの年号を使っていた時期があったんだぞ！

エピソード8 年号が2つある時期がある！

♣ 源氏と平氏の勢力争いと年号の使い分け

　中国では複数の王朝が並立して争っている時（三国時代など）は、それぞれの国ごとに年号があり、年号が並立することはめずらしいことではありませんでした。

　日本でも源氏と平氏の争乱の時期には、**それぞれの勢力と朝廷との関係によって、やはり２つの年号が並立**していました。

　源頼朝が挙兵したのは治承４年（1180）のことで、この時は源氏も平氏も朝廷もみな「治承」を用いています。しかし翌年の治承５年（1181）７月14日、平清盛の孫にあたる安徳天皇の即位にともなって、「治承」から「養和」に改元されると、源氏はこれを認めず、翌年も「治承６年」として、それまでの年号を用いていました。源氏の立場から安徳天皇と平氏の関係を考えれば、当然のことです。

平清盛（1118〜81年）

源頼朝（1147〜99年）

　源氏と平氏がどの年号を用いるかは、朝廷との関係に左右されていたんだ。治承４年５月に源頼政が、８月には源頼朝が平氏打倒の兵を挙げ、６年間におよぶ源平の争乱が始まったんだ。この一連の源平の戦いは、その間の年号によって歴史的には「治承寿永の乱」と呼ばれているぞ。

　そして養和２年（1182）５月27日、大きな飢饉や地震などの天災が起こったことから（→ p.34）、「養和」から「寿永」に改元されました。そして、朝廷が源頼朝に対して東国の支配権を公認する「寿永二年十月宣旨」が出されると、源氏もようやく「寿永」の年号を用いるようになりました。こうして、寿永２年には源氏も平氏も朝廷もみな「寿永」を用いたのです。

　ところが寿永３年（1184）４月16日、後鳥羽天皇即位にともなって、「寿永」から「元暦」に改元されると、すでに都落

67

後醍醐天皇

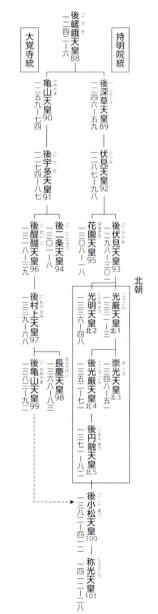

ちしていた平氏は「元暦」への改元を認めず、翌年を「寿永4年」とし、壇ノ浦の戦いで滅亡する時まで「寿永」の年号を用い続けました。

❖ 南北朝の勢力争いと建武の新政

鎌倉時代末期になると、また別の理由で年号が並立したことがありました。歴史の授業などで耳にしたことがあるかもしれませんが、「南北朝時代」と呼ばれている時期です。

日本では王朝の交替はなかったのですが、皇統の分裂による持明院統と大覚寺統の対立が、鎌倉時代の後半から始まりました。そして鎌倉時代末期の後醍醐天皇の時に、同時にもう1人の天皇が在位するという変則的な事態に陥りました。

元徳3年（1331）5月、大覚寺統の後醍醐天皇が正中の変の失敗に続いて、再び討幕計画を実行に移します。しかし5月5日に討幕計画は露見し、天皇は山城国の笠置山（京都府南部に位置する）に逃れて挙兵します。そして疫病の流行を理由に、8月9日、後醍醐天皇は「元徳」から「元弘」へと改元しました。すると、9月20日に鎌倉幕府は持明院統の光厳天皇を擁立します。光厳天皇と幕府は、後醍醐天皇が建てた「元弘」を認めるわけにはいきません。そこで「元徳」を使用し続けました。ですから1331年には、後醍醐天皇による「元弘」と、元弘改元前からの「元徳」という2つの年号が並立することになったのです。

一般的には、1336年に後醍醐天皇が吉野に遷ったことをもって南北朝の始まりとされていますが、建武の新政を間に挟んで、南北朝の対立は事実上この時に始まっています。

翌元弘2年（1332）3月、後醍醐天皇が隠岐に配流されると、4月には光厳天皇による「正慶」という年号が建てられました。もちろん後醍醐天皇方は「元弘」を使用し続け、幕府方は「正慶」を使用します。しかし翌年5月7日、京都の六波羅探題が滅亡すると、同月25日には光厳天皇が退位し、「正慶」の年号も廃止され、「元弘」に統一されました。

「建武」という年号については、『後漢書』に「建武中元2年（西暦57年）、倭の奴国、貢を奉じて朝賀す。……光武、賜ふに印綬を以てす」と記されているように、後漢の光武帝が建てた年号として、日本でもよく知られているよな。後漢以外でも何度も使われたんだ。

武力による王朝交替が頻繁にあった、いかにも中国好みの年号だね！

1333年6月、後醍醐天皇は京都に戻り、翌年正月29日「元弘」から「建武」に改元しました。

『太平記』という歴史書には、「後醍醐天皇が『建武』と改元したのは、後漢の光武帝が王莽によって滅ぼされた漢王朝（前漢）を再興した時の良い年号であるので、それにあやかろうとしたことによる」と記されています。

日本の年号には珍しい猛々しい年号には、**天皇親政を再興しようとする、後醍醐天皇の強い意志**が現れているのです。

❖ 南北朝への分裂と年号の使い分け

その後、「建武の新政」はわずか2年あまりで崩壊してしまいます。建武2年（1335）10月、北条氏の残党を討つために鎌倉に下っていた足利尊氏は、後醍醐天皇の帰京の命令を拒否し、翌年正月、公然と反旗を翻して上洛します。そして翌2月29日、後醍醐天皇は戦乱を理由に「延元」と改元するのですが、尊氏は「建武」を使い続けます。

このように**どの年号を使用するかということは、使用者の政治的立場を反映することになっている**のです。

その後8月に尊氏は光厳上皇の弟を光明天皇として擁立し、後醍醐天皇に三種の神器の譲渡を要求します。しかし、それを拒否した後醍醐天皇は吉野に遷って正統を主張し、**吉野と京都に分かれた南朝と北朝が並立**することになりました。

足利尊氏像（栃木県足利市）

吉野朝皇居跡　後醍醐天皇が皇居と定めた金輪王寺の跡。
（奈良県吉野郡吉野町）

　吉野の南朝では当然のことながら「延元」がそのまま用いられますが、京都の北朝ではそれを認めるわけにはいきません。そこで北朝第2代である光明天皇の代始として、1338年8月には「暦応」に改元されます。こうしてまた同時に2つの年号が用いられることになったのです。
　南朝の重臣であった北畠親房が著した『神皇正統記』には、このような並立の状態について「（北朝の）京で『暦応』と改元したが、（南朝の）吉野では『延元』のままなので、国々で思い思いの年号を用いている。中国にはこのような例は多いが、我が国には例がない」と記されていて、年号の並立を中国の乱世と比べています。こうして、これ以後は1392年の南北朝合一まで、原則として南北がそれぞれに年号を建てることになりました。
　南北朝の動乱が全国におよんでいた時期、それぞれの地域の有力者は、どちらの年号を使用するかによってその立場を表明しました。ただ圧倒的に北朝方の勢力範囲が広いため、古文書に残る年号も、北朝のほうが多くなります。また南朝方の勢力範囲が狭く、また接続しないで点在するため、吉野で南朝の新年号が定められても、それが地方の南朝勢力におよぶのには時間がかかります。そのため南北朝期の古文書による歴史研究においては、年号の取り扱いが大変に難しいことになるのです。
　圧倒的に北朝が有利でありながらも、南朝が吉野の山のなかでもちこたえられたのには、いくつかの理由があります。1つには、北朝側に内部分裂が続き、「敵の敵は味方」という理屈から、北朝側の分裂した一方が、その都度南朝に帰順したことがあげられます。この間の争乱は「観応の擾乱」と呼ばれていますが、「観応」はもちろん北朝側の年号です。その後明徳3年（1392）10月、将軍足利義満によって南北朝の合一が実現し、南朝の後亀山天皇が北朝の後小松天皇に三種の神器を譲って退位し、年号も「明徳」に統一されました。

年号案を提案するのは菅原道真の子孫？

　新たに年号を建てることは、武家政権の時代でも原則として朝廷だけが行うことができる特別な権限でした。どのような人が年号案を考えていたのでしょうか？

　新年号案は朝廷により上奏❶されるのですが、よほど日本の古典や中国の古典また歴史などに精通していないと、提案すること自体が不可能です。幕府にもそのような能力のある人材がいないわけではありません。しかし、能力と権威をあわせ持つ人材は、朝廷にしか存在しませんでした。

　結果として、文章博士❷・大学頭❸・式部大輔❹など、学問をもって朝廷に仕えていた官僚たちが、年号案を上奏していました。彼らは「勘申者」と呼ばれました。奈良時代から平安時代の中期までの勘申者の名前は、わずかな例を除いてわかりませんが、平安時代後期から江戸時代にかけてはすべて判明しています。

　平安時代後期の、藤原氏を中心とした摂関政治の最盛期には、さすがに藤原氏出身の勘申者が多いのですが、それ以降は菅原道真を生んだ菅原氏が圧倒的に多かったのです。菅原氏は代々、多くの学者を輩出している家柄であることとも関係しているのでしょう。

　平安時代後期に菅原氏は、高辻氏・唐橋氏・五条氏・東坊城氏・桑原氏・清岡氏の六家にわかれました。その六家の出身者たちが、室町時代後期から江戸時代の年号案の上奏を独占していたのです。「明治」の年号を上奏したのも菅原在光という公家です。

　こうして考えると、室町時代後期から江戸時代の年号は、事実上、菅原道真の子孫によって選ばれていたのです。

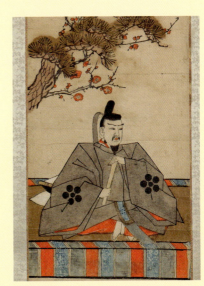

菅原道真（845〜903年）

❶上奏　天皇に意見や事情などを申し上げること。
❷文章博士　律令制における大学（官僚を養成するための最高教育機関）の学科の1つである文章科（中国の詩文と歴史）を教授した教官。神亀5年（728）に設置。奈良時代以降は菅原氏、大江氏がその地位を世襲していたが、中世以後、室町時代には菅原氏系の高辻家などの諸家が、この職を継いでいった。
❸大学頭　律令制における大学寮の長官。江戸時代には、江戸幕府の学問所であった昌平坂学問所の長官を指す。
❹式部大輔　律令制における官職。式部省（役人の人事や儀式を担当する役所）の高官。

エピソード9 日本は中国の支配下にある？ 〜中国と同じ年号を使った足利義満〜

室町幕府の3代将軍足利義満は日明貿易の利益が大きいことに目をつけ

明との貿易を幕府中心に行おうと考えて博多の商人たちを明に派遣したんだ

中国の年号を日本の国書で使っていたこともあったんだ！

え？　なんで？

明という国は自国を頂点とする上下関係を周辺諸国に要求していたから貿易といっても中国に貢物をするような形だったんだ

「貢物をする」ってすごく上下の差があるね…

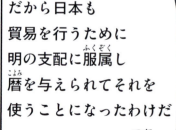

だから日本も貿易を行うために明の支配に服属し暦を与えられてそれを使うことになったわけだ

暦つまり明の年号を国書に使ったんだな

なるほど…

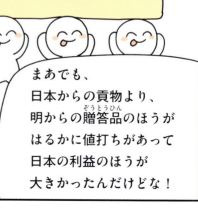

まあでも、日本からの貢物より、明からの贈答品のほうがはるかに値打ちがあって日本の利益のほうが大きかったんだけどな！

エピソード9 日本は中国の支配下にある？
～中国と同じ年号を使った足利義満～

❖ 日本独自の年号は国書に記されて残る

　日本は現代にいたるまで、他の国の領土となったことはなく、「日本国」として独立を保持してきました。ですから、**日本独自で定めた年号を、「大化」・「大宝」以来ずっと国書に残し使っています**。

　中世、鎌倉時代末期に登場した後醍醐天皇の「建武」（1334年～）や、江戸時代初期の「元和」（1615年～）のように、意図して中国と同じ年号が建てられたことはありますが、この場合、中国から同じ年号を使用するよう押し付けられたわけではありません。

　しかし、「建武」や「元和」とは別の意図を持って、**中国の年号が用いられたことがありました**。それも、外交文書の記録として後世に残るものにもかかわらず、当事者は中国の年号であることを承知のうえで積極的に用いたのです。それは、独立国としてすべきでない、と評価されることもありました。

国書っていうのは、国の名前で残す外交文書と考えてもらえばいいかな。

❖ 足利義満と日明貿易

　室町幕府の3代将軍足利義満は、応永元年（1394）に将軍職を息子の義持に譲った後も、実権を握り続けていました。そして**日明貿易の利益が大きいことに着目**し、応永8年（1401）に、博多の商人肥富と僧祖阿を明へ派遣します。そして翌年、明の国書が日本にもたらされたのです。

　当時の明は、大きな勢力を持っていて、**周辺諸国に対しては対等な外交関係を認めず、明の皇帝に朝貢する形式の外交**しか行いませんでした。そのため、明の国書はじつに尊大な表現に満ちていました。

足利義満（1358～1408年）
鹿王院蔵

15〜16世紀の東アジア

❶源道義
「源」は足利氏の本姓がもともとは源氏であることを表し、「道義」は義満の法名からとられている。

遣明船（「真如堂縁起」真正極楽寺蔵）
9世紀の円仁が唐から帰国する場面ではあるが、船の構造は描かれた16世紀の遣明船と同じと考えられている。

　「日本国王、源道義❶（義満のこと）よ。汝は明の皇室に思いを馳せ、明の皇帝に対して忠誠なる心を懐き、はるばる海を越えて使者を遣わして朝貢してきた。（なかなか感心なことである）……それで**明の暦である大統暦を分かち与え、明の統治に服させるものである**」と書かれていたのです。

中国の暦を分かち与えられてそれを用いることは、中国を宗主国として仰いでその支配に服属することを意味しているぞ。

　これに対して義満は「日本国王臣源」を名乗って、国書を返信しました。「臣」の字をわざわざ小さく書き、「建文」という明の年号を用いて記し、臣下の礼を表しました。このような国書のやりとりは、室町時代後期に編纂された、『善隣国宝記』という外交史の歴史書に収められています。
　国内では独自の年号を用いつつも、中国に対しては中国の年号を用いることは、朝鮮やベトナムなどの中国近隣国ではしばしば見られることです。しかし、日本ではそのようなことはかつてなかったので、『善隣国宝記』の編者はこの国書について、「王と自ら名乗ることは、中国の主従関係にならうことであって、よろしくないというべきであろう。『臣』の字（臣下であることを意味する）を自らの意志で用いることは正しくない！明への国書に明の年号を記しているが、これも誤っている！

日本の年号を用いるべきである。もしそれができないならば、年号など書かず、干支で年を表したらよい」と記して、義満の卑屈な外交姿勢を厳しく非難しています。

✤ 中国と同じ年号を使ったことの意味

　義満がこのような卑屈な外交姿勢に甘んじたのは、**日明貿易の利益の大きさによるものです❷**。文明12年（1480）の「大乗院寺社雑事記」という記録によれば、明で買い付けた生糸が、日本では20倍の値で売れ、日本で買い付けた銅は、明ではその4〜5倍の値で売れたと記されています。要するに義満は実利のために名を捨てたのです。

　義満の死後、息子の4代将軍足利義持は日明貿易を停止しています。表向きの理由は、義持の病気治療に必要な薬が明からは手に入らないからということでしたが、あまりに**卑屈な外交姿勢をよく思っていなかったというのが本音**でしょう。

> でも、停止されていた日明貿易は、6代将軍足利義教の時に再開されているよね。

　4代将軍義持は朝貢による貿易関係の復活を要求した明の使者に対して、それを拒否しています。ですから義持から明への国書は残されていませんが、当時の「日本国管領」（斯波義将？）が応永16年（1409）に朝鮮に送った書簡が記されています。それには「永楽」という明の年号が書かれていますが、これは当時の朝鮮で明の年号が用いられていることを踏まえたうえで使用したと見るべきでしょう。

　応永26年（1419）に再び訪れた、関係の復活を要求する明の使者に宛てた義持の書簡には、「征夷大将軍某」と自称し、年号は「応永」を用いています。応永29年（1422）の朝鮮への国書には、「日本国王」ではなく「日本国源義持」と自称し、やはり年号は「応永」を用いています。

---

❷日明貿易　おもな貿易品

| 輸出品 | 鉱物（硫黄や銅）、日本刀、扇子、漆器、屏風など。 |
| 輸入品 | 銅貨（洪武通宝や永楽通宝）、織物（繻子、沙羅、絹など）、白金、宝鈔（紙幣）など |

＊輸入品は［唐物］として将軍家から家臣への贈与品などに使われた。

09　日本は中国の支配下にある？〜中国と同じ年号を使った足利義満〜

✤「日本国王」の意味

「日本国王」を名乗らなくなったのはどうしてでしょうか？

現代の私たちにとって、「皇帝」と「王」は同じようなものと感じられますが、本来ははっきりとした上下関係がありました。中国を中心とした東アジア圏では、**王朝の統治者は「帝（皇帝）」であり、「王」は「帝」の皇子や属国の支配者のこと**なので、「王」を自称することは中国の王朝の支配下にあることの意思表示であったのです。義満が「日本国王」を名乗り、また明の年号を用いたこと、またその反対に義持が「王」を名乗らず、日本独自の「応永」という年号を用いたことには、外交上重大な政治的意味があったのです。

中国の紀年法　〜干支によって年を示す〜

約3000年前の古代中国から現在まで、途切れることなく使われている紀年法があります。それは「干支」と呼ばれる方法で、十干（甲・乙・丙・丁・戊・己・庚・辛・壬・癸）と十二支（子・丑・寅・卯・辰・巳・午・未・申・酉・戌・亥）で60通りの組み合わせをつくり、60を周期として年や月日を数える方法です。干支による紀年法は繰り返して永久に続けていくことができますから、改元によってリセットできる年号とは根本的に違うものです。

とにかく日本でいうところの縄文時代に当たる時から、途切れることなく続いているということは、驚くべきことなのです。

1 きのえね 甲子 コウシ(カッシ)	2 きのとうし 乙丑 イッチュウ	3 ひのえとら 丙寅 ヘイイン	4 ひのとう 丁卯 テイボウ	5 つちのえたつ 戊辰 ボシン	6 つちのとみ 己巳 キシ	7 かのえうま 庚午 コウゴ	8 かのひつじ 辛未 シンビ	9 みずのえさる 壬申 ジンシン	10 みずのととり 癸酉 キユウ	11 きのえいぬ 甲戌 コウジュツ	12 きのとい 乙亥 イツガイ
13 ひのえね 丙子 ヘイシ	14 ひのとうし 丁丑 テイチュウ	15 つちのえとら 戊寅 ボイン	16 つちのとう 己卯 キボウ	17 かのえたつ 庚辰 コウシン	18 かのとみ 辛巳 シンシ	19 みずのえうま 壬午 ジンゴ	20 みずのとひつじ 癸未 キビ	21 きのえさる 甲申 コウシン	22 きのととり 乙酉 イツユウ	23 ひのえいぬ 丙戌 ヘイジュツ	24 ひのとい 丁亥 テイガイ
25 つちのえね 戊子 ボシ	26 つちのとうし 己丑 キチュウ	27 かのえとら 庚寅 コウイン	28 かのとう 辛卯 シンボウ	29 みずのえたつ 壬辰 ジンシン	30 みずのとみ 癸巳 キシ	31 きのえうま 甲午 コウゴ	32 きのとひつじ 乙未 イツビ	33 ひのえさる 丙申 ヘイシン	34 ひのととり 丁酉 テイユウ	35 つちのえいぬ 戊戌 ボジュツ	36 つちのとい 己亥 キガイ
37 かのえね 庚子 コウシ	38 かのとうし 辛丑 シンチュウ	39 みずのえとら 壬寅 ジンイン	40 みずのとう 癸卯 キボウ	41 きのえたつ 甲辰 コウシン	42 きのとみ 乙巳 イツシ	43 ひのえうま 丙午 ヘイゴ	44 ひのとひつじ 丁未 テイビ	45 つちのえさる 戊申 ボシン	46 つちのととり 己酉 キユウ	47 かのえいぬ 庚戌 コウジュツ	48 かのとい 辛亥 シンガイ
49 みずのえね 壬子 ジンシ	50 みずのとうし 癸丑 キチュウ	51 きのえとら 甲寅 コウイン	52 きのとう 乙卯 イツボウ	53 ひのえたつ 丙辰 ヘイシン	54 ひのとみ 丁巳 テイシ	55 つちのえうま 戊午 ボゴ	56 つちのとひつじ 己未 キビ	57 かのえさる 庚申 コウシン	58 かのととり 辛酉 シンユウ	59 みずのえいぬ 壬戌 ジンジュツ	60 みずのとい 癸亥 キガイ

左上の1〜60は年の順番を示す。

十干十二支

中国の年号　～新しい王朝を建てた意欲を示す～

　古代の中国では、「帝の即位から何年」という、代始から数える紀年法もありました。そして、前漢の最盛期を出現させた武帝の時に、改元のある年号制が始められたことは、すでにお話ししています。(→ p.19)

　その後の中国では、ほとんど途切れることなく年号制が維持されてきました。

　中国の年号には、代始の改元が多いことに特色があります。それは皇帝や王というものは、時間をも支配する存在であると理解され、即位と同時に新しい年号を建てて人心を一新するものとされてきたからです。ただし代始の改元といっても、即位した日、即位した月かその年、あるいは即位の翌年など、タイミングはさまざまなのですが、実際には即位した翌年の正月に改元した例が多くなっています。

　中国の長い歴史においては、さまざまな民族と王朝が興亡しています。多くの場合は前王朝を武力によって滅亡させ、新たな王朝が成立しますから、王室の血統が継続されることはあまりありません。ですから、新王朝は前王朝や旧王朝の前例にとらわれることなく、自由に年号を建てることができます。また国土が広大ですから、王朝が地域ごとに複数並立することもしばしばありました。そのため、実在した年号の合計は日本とは比較にならないほど多く、結果として同じ年号が出現することがしばしばあるのです。

　新王朝の初代の王は、実力をもって前王朝を打倒した覇者ですから、最初の年号を建てる際には、建国や統一や武力を印象付けるような勇ましい言葉が、好んで用いられ、中国らしい文字や言葉が選ばれています。

　おもな王朝の最初の年号を見てみましょう。

　前漢の「建元」、新の「始建国」、後漢の「建武」、蜀の「章武」、呉の「黄武」、隋の「開皇」、唐の「武徳」、宋の「建隆」、金の「収国」、元の「中統」、明の「洪武」、清の「天命」などがあります。

　現在、中国では年号制は廃止されています。年号を用いていた最後の王朝は清朝で、1911年10月に辛亥革命が始まり、翌年1912年1月1日には孫文が南京で中華民国の建国を宣言しました。2月12日には宣統帝が退位して清朝が滅亡し、中国における年号制はついに断絶しました。

ちなみに清朝最後の皇帝は宣統帝だから最後の年号は「宣統」だよ。

09　日本は中国の支配下にある？～中国と同じ年号を使った足利義満～

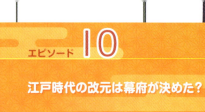

エピソード 10
江戸時代の改元は幕府が決めた？

武家政権が誕生するまで年号の選定は朝廷だけが決定できる権限を持っていたんだ

するまで…ってことはその後は違うの？

そう、鎌倉時代の末期天皇家が2つに分裂して年号も2つになった

後醍醐天皇は幕府と対立したわけなんだが

全国の武士たちはどちらにつくかで対立しそれぞれが支持するほうの年号を使ったから混乱したんだ

結局、幕府が年号の選定、つまり改元に干渉するようになったんだ

前に言ってた平氏と源氏の時みたいだね

まあ、幕府は朝廷の権威を圧倒したいわけじゃないから改元での朝廷の権威は守られたけどね

エピソード10 江戸時代の改元は幕府が決めた？

❖ 誰が年号を決めるのか

　鎌倉時代に武家政権が誕生するまでは、**年号は朝廷だけが選定できる専権事項**でした。しかし鎌倉時代の末期、天皇家が大覚寺統と持明院統に分裂すると、大覚寺統の後醍醐天皇は持明院統と結ぶ幕府を倒そうとし、どちらの朝廷につくかで全国の武士たちが対立する状況となりました。それぞれの朝廷が年号を建てましたが、双方がそれを認めなかったため2つの年号が並立し、それぞれを支持する武家たちは別々の年号を使っていました。結果として、**武家政権が改元に干渉することになった**のです。

そうなんだよ…

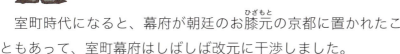
たしかに年号が2つあると、史料から何年の記録か、とかを確認するのもタイヘンだね。同じ年のことなのに、違う年号になっているんだよね。

　室町時代になると、幕府が朝廷のお膝元の京都に置かれたこともあって、室町幕府はしばしば改元に干渉しました。
　例えば、称光天皇は応永19年（1412）に即位したのですが、室町幕府は慣例となっていた、**天皇の代替りごとの改元である「代始改元」を認めず**、即位後16年目の応永35年（1428）4月27日、ようやく「正長」への改元を認めています。ところが、称光天皇は3カ月後の7月20日、27歳で亡くなり、後花園天皇が即位しましたが改元せず、およそ1年後の正長2年（1429）に「永享」への改元が行われました。ちょうど足利義教が将軍になる直前の将軍空位の時だったので、これは新将軍就任を見すえた代始改元となりました。

室町幕府の将軍の屋敷
（「洛中洛外図屏風」国立歴史民俗博物館蔵）

❖ 江戸時代の改元に見る幕府と朝廷の関係

❶ 有職故実
朝廷や公家の古来の行事・制度・風俗・習慣・官職・儀式などを研究する学問。政権から遠ざけられた公家によって進展した。

❷ 禁中並公家諸法度
1612年、2代将軍の徳川秀忠が出した朝廷・公家を統制する法令。全17条。天皇の学問専念、官位などの授与、改元などについての規定がある。

　江戸時代になると、幕府は圧倒的な政治力によって朝廷を統制し、朝廷は有職故実❶的な伝統を保持するだけの存在となってしまいます。

　幕府の朝廷統制は、1615年に布告された禁中並公家諸法度❷という形をとって現れました。その第8条には、「改元は、中国の年号から良いものを選ぶべきである。ただし、今後（担当者が年号の選定に）習熟するようになれば、日本の先例によるべきである」と定められました。これは表向き、改元の権限を朝廷に委任したように見えます。しかし、年号は中国の年号から選べというだけにすぎません。誰がどのように選ぶかは決められていないのです。ちなみに中国の年号を実際に採用したのは、江戸時代だけでも「元和」「天和」「正徳」「宝暦」「天保」の5例もあります。

　しかも同法度の第11条には、幕府の朝廷統制の役割を務める「武家伝奏」という役が置かれることが定められました。名目上は武家の奏上を朝廷に取り次ぐ公家の役職なのですが、その任命には幕府の承認が必要でした。その他にも幕府は、京都に京都所司代を設けて、朝廷の動向を厳しく監視させました。

朝廷への統制

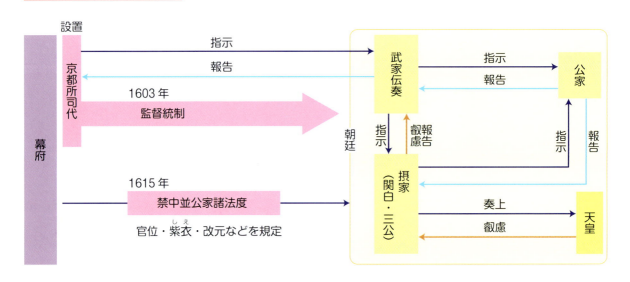

このような朝廷と幕府の力関係は、朝廷が征夷大将軍を任命する将軍宣下のやり方にもよく現れています。家康・秀忠・家光の3人は、将軍の京都における居城である二条城に勅使を招いて行われ、それ以後は勅使が江戸に下向して行われるようになりました。

このような幕府優位の政治体制においては、禁中並公家諸法度で表向きには改元の権限を朝廷に委ねるような形をとりながらも、実質的には改元は幕府の意向によって行われ、朝廷はそれを追認するだけだったのです。

二条城二の丸御殿と唐門
唐門は寛永3年（1626）の後水尾天皇の行幸にあわせて造られた。
（京都市中京区）

10　江戸時代の改元は幕府が決めた？

✤江戸時代の改元の手順

江戸時代は、天皇即位・天変地異・凶作・辛酉革命などの改元すべき状況が出現すると、原則として朝廷が発議して改元を行いました。たしかに江戸時代に多い天皇即位にともなう改元は、表向きは朝廷からの発議によっています。しかし、いくつかの年号の候補を示すのは朝廷ですが、最終的に決定するのは幕府でした。候補の再検討を要求したり、時期を延期させたりすることもあり、事実上は幕府の意向に沿って改元が行われました。

明暦の大火を契機とした「万治」、元禄地震を契機とした「宝永」、6代将軍家継がわずか満7歳にも満たない年齢で夭折したことを契機とする「享保」の改元のように、幕府が発議したこともあります。また明正天皇や霊元天皇のように、代始の改元が行われていない天皇がいる一方、家光の将軍就任を契機とする「寛永」、家綱の就任による「承応」、吉宗の就任による「享保」の改元のように、将軍代始の改元と理解できる場合もあり、朝廷の幕府に対する遠慮が働いたと見ることができます。

それでも朝廷の強い意向による改元がないわけではありません。江戸の市街が明暦の大火で焼けたことを契機として「万治」としたのであるから、京都の大火を契機として改元するのも当然であるとして「寛文」の年号が建てられましたし、孝明天皇の強い意向が働いた「安政」などの例があります。

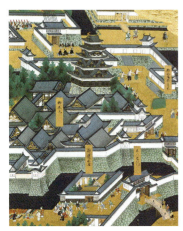

江戸城の本丸（「江戸図屏風」国立歴史民俗博物館蔵）
天守閣は明暦の大火（1657年）で焼失して以来、再建されなかった。

では、年号が庶民に知らされるまでの流れを見てみましょう。まず菅原道真の子孫である朝廷の儒官が、年号の選定資料である年号勘文とともにいくつかの原案を提出します。それを公卿らが会議でさまざまな角度から検討し、いくつかに絞ります。その過程で天皇が内々に意見を述べることもありました。

次にその結果が武家伝奏を通して江戸に送られ、将軍臨席のもとで、老中や幕府の儒官らが検討して選び送り返します。その際に「叡慮（天皇の意志）に任せる」と称して、天皇に一任することもありました。そして再び公卿が会議で審議するのですが、すでに幕府の案は示されていますから、事実上追認することになるわけです。そして形式上は、天皇が最終的に勅定するということになります。

その結果は幕府に報告され、さらに諸大名から諸藩領に伝達されます。庶民にとっては新年号を公布するのは幕府であり、改元日は幕府が諸大名に披露した日ということになります。このように改元の手順のうえでも、幕府は優位に立っていたわけです。

❖「慶長」から「元和」への改元

それではいくつかの改元の過程を詳しく見てみましょう。

まずは慶長20年（1615）の「元和」への改元です。5月には大坂の陣で豊臣氏が滅亡し、7月7日には武家諸法度、7月15日には禁中並公家諸法度が発布されるのですが、その間の13日に、「慶長」から「元和」に改元されました。『続史愚抄』という江戸時代後期の歴史書には、後水尾天皇の代始改元と記されていますが、即位したのは慶長16年（1611）であり、時間がたちすぎています。実際には豊臣氏を滅ぼした徳川氏の偉功を顕彰し、禁中並公家諸法度の第8条を先取りして、朝廷に対する幕府の優位を示そうという、徳川幕府の強い要請によるものでした。

「元和」は禁中並公家諸法度の第8条に定められているように、「漢朝の年号」として使用された年号です❶。この年、国内

林羅山（1583～1657年）

❶後漢の章帝の84～87年、唐の憲宗帝の806～820年に使用されています。

の戦乱が終結し天下の平定が完了したことを、年号を用いて「元和偃武」と称しましたが、「偃武」とは武器を伏せて用いないことを意味しています。「元和」は「和の元」となるという意味ですから、時勢にふさわしい好字ということができるでしょう。ただし、独自の年号は国家の独立自尊を表すものであるにもかかわらず、わざわざ中国の年号を採用したのは、幕府おかかえの儒学者であった林羅山などの意図があったのかもしれません。

孝明天皇

❖ 勢力が逆転した幕府の改元

江戸時代も後期になると、幕府の政治的権力もしだいに衰え、幕末にかけては朝廷と幕府の力関係が逆転していきます。それは改元にもはっきり現れています。

江戸時代末期の天皇である孝明天皇の治世21年の間には、弘化から始まって、嘉永・安政・万延・文久・元治・慶応の改元が行われました。江戸城火災による「弘化」、孝明天皇代始の「嘉永」、内裏火災による「安政」、江戸城火災による「万延」、辛酉革命による「文久」、甲子革令による「元治」、京都兵乱による「慶応」など、一応その都度、それなりの理由付けがあります。しかし強烈な攘夷思想を持っていた孝明天皇にとっては、欧米列強の外圧が、たび重なる改元の背景となっていました。安政改元の詔書には、「洋夷（欧米人）出没して……辺海靖ならず……近畿地震、余動京に及びて今に息まらず」と記されているように、改元によって幕末の内憂外患を鎮めようという、孝明天皇の強い意向が働いていました。

文久4年（1864）2月20日には、讖緯説に基づく甲子革令により「元治」と改元されるのですが、選定の過程で最後に候補として残ったのが「令徳」

年	孝明天皇在位中のできごと
弘化3年(1846)	孝明天皇即位
嘉永4年(1851)	ジョン万次郎、アメリカ船で帰国
嘉永6年(1853)	ペリー（米）浦賀に来航 プチャーチン（露）長崎に来航 徳川家定、13代将軍に就任
嘉永7年・安政元年(1854)	日米和親条約調印、日英、日露和親条約調印 東海地震津波、南海地震津波 内裏炎上、地震、黒船来航などの災異のため安政に改元
安政2年(1855)	安政江戸地震（安政の大地震）
安政3年(1856)	米総領事ハリス、下田に着任
安政5年(1858)	孝明天皇、日米修好通商条約の勅許を拒否。井伊直弼、大老に就任し日米修好通商条約調印（無勅許で調印） 日蘭、日露、日英、日仏修好通商条約調印 徳川家茂、14代将軍に就任。安政の大獄
安政6年(1859)	神奈川・長崎・箱館を開港 橋本左内、吉田松陰処刑、安政の大獄
安政7年・万延元年(1860)	桜田門外の変、井伊直弼暗殺 江戸城火災や桜田門外の変などの災異のため万延に改元 幕府、五品江戸廻送令を発布 米通訳ヒュースケン暗殺
万延2年・文久元年(1861)	讖緯説に基づく辛酉革命の年のため文久に改元
文久2年(1862)	皇女和宮と家茂の結婚 寺田屋事件、生麦事件が発生
文久3年(1863)	長州藩、下関で外国商船を砲撃 薩英戦争。八月十八日の政変
文久4年・元治元年(1864)	讖緯説に基づく甲子革令の年のため元治に改元 池田屋事件、禁門の変。四国連合艦隊下関砲撃事件（下関戦争）。第一次長州征討
元治2年・慶応元年(1865)	禁門の変や社会不安などの災異のために慶応に改元
慶応2年(1866)	薩長同盟成立。第二次長州征討。14代将軍家茂死去、徳川慶喜が15代将軍に就任。 孝明天皇崩御

と「元治」でした。特に「令徳」については、それが**孝明天皇の「叡慮」であることを明らかにしたうえで幕府に提案されていました**。もうそのこと自体が**朝廷の権威が強まっていること**の反映なのですが、問題は「令徳」の文字でした。それは、「令徳」が「徳川に命令する」とこじつけて解釈できるからでした。結局幕府は本音では「元治」がよいのですが、「叡慮」を持ち出されると表立って反対もできず、「元治またしかるべく思し召され候」と、控えめに再考の余地を探っているのです。結局は「令」という字がそれまで日本の年号に使われたことがないという理由で、「元治」が採用されることになりました。このように長い江戸時代の年号には、幕府と朝廷の力関係の変化がそのまま如実に反映されていました。

「令和」で初めて「令」の字が使われたんだよな

山の名前に残る年号

富士山はなだらかな裾野を長く引く、山の形の美しい名山ですが、南東側の中腹にわずかな突起が認められ、見る方向によっては形が変わります。これは宝永4年（1707）11月23日に起きた富士山の宝永大噴火でできた火口で、現在も「宝永山」と呼ばれています。その後、富士山は噴火をしていないので、これが最新の噴火口ということになります。

右の中腹に宝永山と呼ばれる火口が見える！

江戸の町にも噴火による灰が降ったため、新井白石の回想録である『折たく柴の記』には、「家を出ると雪が降っているようなので、よくよく見ると白い灰が降っていた。西南の方を眺めると、黒雲が湧いて、頻りに稲光が見えた」と記されています。被害は著しく、すぐに改元されてもおかしくないほどでしたが、結局は宝永8年（1711）まで引き延ばされ、4月25日に「正徳」と改元されました。

日の目を見なかった年号候補

　年号を選ぶに当たっては、いくつもの候補のなかから選ばれるので、選ばれなかった年号案の数は、最終的には選ばれた年号の何倍もあるわけです。そのなかでも特に10回以上も候補になったものを、多い順に並べてみましょう。

> ＊（　）内は候補になった回数
> 嘉徳（40）・寛安（33）・建正（26）・大応（24）・文長（24）・貞正（22）・文承（20）・政和（18）・嘉延（17）・文仁（17）・永安（16）・延祚（16）・万和（15）・仁応（15）・寛裕（15）・文元（15）・文昭（15）・成徳（15）・延寿（14）・和元（14）・天祐（14）・万安（13）・恒久（13）・弘徳（13）・文弘（13）・長祥（12）・承宝（12）・延嘉（11）・久承（11）・貞久（11）・永寧（10）・正永（10）・康徳（10）・弘保（10）

　こうして見ると、どれもこれも国家の理想を表す意味の良い言葉です。たまたまその時は選ばれなかっただけで、決して年号にふさわしくないわけではありません。将来、これらの選ばれなかったもののなかから、新しい元号として選ばれる可能性はあります。

　事実、「平成」という元号も、候補の1つとなったものの選ばれなかったことがあるからです。

　ただし現代におけるこれからの改元では、書きやすさを考えると、40回も候補になった「嘉徳」のように画数の多い文字は、選ばれる可能性は低くなるでしょう。

　また、書きやすさとともに、アルファベット表記にした時の頭文字（昭和のS、平成のHなど）も考慮して選ばれることになっています。「平成」に決まった時の他の候補は「修文」と「正化」でした。元号についての有識者会議では、どちらもアルファベットの頭文字が「S」であることを、それぞれの言葉の意味とともに指摘したといわれています。

エピソード11 江戸の庶民が皮肉った年号とは？

❖庶民にかかわりがなかった年号

　年号は理想的な政治を祈念して改められ、国の外交文書などに記録されているとはいえ、江戸時代までの庶民にとってはまったくかかわりのないことでした。都の公家や幕府の首脳たちがさんざんに議論して選んだものでも、庶民にとっては皮肉や風刺の対象でしかありません。

　江戸時代の中期以後には、機知や滑稽によって笑いを誘いつつ、**政治や世相を風刺する短歌形式の狂歌**が流行しましたが、そのなかから改元にかかわるものをいくつか紹介しましょう。

❖「年号は安く永くと変われども　諸色高直今に明和九」

　明和9年（1772）2月29日、目黒の行人坂（東京都目黒区下目黒付近）で発生した放火による火事は、3日間続き、死者1万4700人、行方不明者4000人を超える大惨事となりました。焼失した大名屋敷だけでも169におよんだのですから、その規模の大きさが推しはかられます。そして同年11月、さっそく「安永」と改元されます。**明和の大火による災異改元**です。

　しかし明和年間というのは、10代将軍徳川家治のもとで、**側用人から出世した田沼意次による政治**が行われていた頃で、経済活動が盛んになるのはよいのですが、諸物価も高騰して庶民の不満が高まっていた時期でした。そのためせっかく「安永」と改元されても、庶民にとっては年号の意味する高尚な理念などはどうでもよく、「安永と改元したので物価が安く永く続くと思いきや、諸色（日用品の価格）が高騰して、今もなお迷惑を被っている」と風刺したわけです。もちろん「明和九」は「迷惑」をかけたものです。

田沼意次（1719〜88年）
（牧之原市史料館蔵）

田沼意次の政策は、専売・株仲間結成の奨励、鉱山開発・貿易の奨励などの積極的な経済刺激策だぞ。

87

❖「安政と代えても地震鳴りやまず　それではいっそ嘉永でもよし」

江戸大地震之図
これ以上地震が起きないように、地震を起こすと考えられていたナマズを祀っている。

　嘉永7年（1854）4月には、なんと御所から出火して、今の京都府上京区の南半分にあたる地域が焼ける大火災となりました。原因は梅の木についた毛虫を火で駆除していたところ、それが建物に燃え移ったことで、「毛虫焼け」といわれたものです。同年11月27日、この火災を契機として**「嘉永」から「安政」に災異改元**が行われるのですが、改元の前後に、日本各地で大地震が続発しました。

　まず同年6月には伊賀上野地震、11月4日には東海道沖を震源とする安政東海地震、翌日の5日には紀伊半島沖を震源とする南海地震、7日には豊予海峡を震源とする豊予地震と続きました。改元の翌年の安政2年（1855）10月2日には安政江戸地震が発生し、江戸は壊滅的被害を被ることになります。さらに翌3年には安政八戸沖地震、同5年には飛越地震と続きましたから、ほぼ日本全域に被害がおよんだ未曾有の広域大地震でした。**これら一連の地震は、安政の大地震と総称**されています。

ちなみに高知県や和歌山県串本には、この地震で15〜16mの津波が記録されているんだ。

すごい大地震が続いたんだね…

　「安政と代えても地震鳴りやまず」というのですから、改元後も地震が続発していたわけです。改元理由は御所の火災でしたが、京都以外に住む庶民にとってはまったく関係のないこと。それより地震の怖さのほうが切実でしたから、地震が改元理由と思ったことでしょう。しかし改元後も地震が続発したので、**「年号を代えても地震が収まらない**ではないか。それならいっそのこと、**代えなくてもよかったのに」**というのです。「嘉永でもよし」は「代えんでもよし」をかけているのですね。

❖「上からは明治だなどといふけれど　治まるめいと下からは読む」

江戸の庶民が皮肉った年号とは？

　慶応3年（1867）12月9日、王政復古の大号令❶が出されて、いよいよ新政府が始動しましたが、この段階ではまだ年号は「慶応」のままです。翌年7月には**「江戸」を「東京」と改称し、8月27日には（明治）天皇が即位**。そして9月8日にようやく**「慶応」を「明治」に改元し、「一世一元制の詔」が発せられました**。

明治天皇江戸城入城之図

　新政府の首脳たちには新時代の理想や計画があったでしょうが、政治にかかわることのない庶民にとっては、幕府と西南諸藩連合との武力衝突が起き、とりあえず幕府が敗れたという程度の認識しかなかったことでしょう。ひょっとすると旧幕府勢力が劣勢を挽回し、天下分け目の戦いが再び始まるかもしれないと思ったはずです。

　新政府は盛んに**「御一新」という言葉を連発**して、**政治体制だけでなくあらゆるものが改まると宣伝しました**が、明治元年の段階では、庶民には本当に「御一新」であるかどうかは、まったく実感できませんでした。結果的には「御一新」となるのですが、それはあくまで結果論なのです。「明治」改元の段階では、徳川幕府の政治に慣れ親しんだ江戸の人々にとっては、上から押し付けられる「御一新」によって、政治的混乱が収まるとはとても思えなかったことでしょう。「維新」という言葉が広く使われるようになるのは、明治2年（1872）以後のことなのです。

　この狂歌は、そのあたりの江戸の庶民の率直な心をよく表しています。「明治」を下から読むとは、「治明」を訓読みすることであり、「治まることはないであろう」を、**威勢のよい江戸言葉で「治まるめい」と読んでいる**わけです。また、「上から」に対して「下から」という表現には、上から押し付けられた「御一新」に対する庶民の不満と批判が表されているのです。

❶王政復古の大号令
1867年12月9日に発表された、倒幕派による天皇中心の新政府樹立宣言のこと。幕府・摂政・関白などが廃止され、総裁・議定・参与の三職がおかれた。

「維新」は「これあらた」って読んで、「すべてが改まって新しくなる」という意味なんだ！

エピソード12 「一世一元の制」が成立したのは明治になった時？

❖ 天皇一代に元号が1つというわけではない

　江戸時代の最後の年号である「慶応」から、「明治」に改元される際に「一世一元の制」が成立しました。この制度は、一般には「天皇一代に元号は1つ」と理解されていますが、制度が立ち上げられた時にはまだ「元号」は正式な言葉ではなかった（「元号」が正式な言葉となるのは明治22年の皇室典範以後）ので、「天皇一代の間に建元は1回」と理解したほうが正確であることはエピソード1でお話ししました。

「一元」は「1つの元号」ではなく「1回の建元」ということだったよね！

❖ 「一世一元の制」をとなえた日本の学者たち

　「一世一元の制」は、日本より早く中国の明・清の時代（1368～1911）に行われていました。明の洪武帝が初めて行い、「洪武通宝」という明銭が発行されています。ですから、日本で創出された制度ではありません。当然のことながら明の「一世一元の制」は、日本でも江戸時代の学者ならば誰でも知っていることで、あまりに頻繁すぎる改元を批判し、「一世一元の制」を建てるべきであるという主張は江戸時代からあったのです。
　例えば、将軍徳川家宣と家継を補佐した朱子学者の新井白石は、その自叙伝である『折たく柴の記』に、年号によって吉凶が左右されるわけではないことを述べて、不祥事が起きるたびに改元することを批判しています。
　「人の寿命の長短は、運や事情によるのであって、年号の文字によるものではない。日本でも中国でも、天変地異などによっ

新井白石（1657～1725年）

て改元されてきたのであるから、年号に用いられる文字で、不吉なことにかかわったことのないものなどない」とありました。

懐徳堂の石碑（大阪市中央区）
旧懐徳堂の校舎跡、現在の日本生命ビル南側壁面に建てられている。享保9年（1724）、町人のための私塾として創設され、実用的な学問を教えた。140年以上の間、大坂の学問の中心として活動し、明治2年（1869）閉塾。

新井白石はまだ「『一世一元の制』を建てるべき！」という主張にはなっていなかったんだ。

　大坂町人のための私塾である懐徳堂を主宰していた中井竹山という学者は、11代将軍家斉の老中松平定信に政治全般の提言を求められました。彼は『草茅危言』という建言書のなかで、年号については、「大化以来しばしば改元されたが、**それによって吉凶が左右されたことはない**から、中国の明や清で行われているように、**天皇一代に1つの年号と定めるべき**である」と述べています。

　ただし、寛政の改革の失敗により松平定信が失脚したため、せっかくの提言もすぐに活かされることはありませんでした。

　中井竹山と同じ頃活躍した、水戸藩の朱子学者である藤田幽谷は、わずか18歳で『建元論』という文章を書き、改元について述べています。書き下し文に直しても難解な漢文であるため、現代語に意訳しつつ、幽谷の主張を見てみましょう。

　「孝徳天皇の時に大化の号を建てて以来1000年余、祥瑞や災異によって改元すること200回以上である。我が国は皇統が途切れずに続いてきた国であるから、中国のように王朝が交替するような革命の年に改元するべきではない。祥瑞はあてにするものではなく、災異は恐るべきものでもない。明国では建国以来、即位の翌年に改元して、在位中は改元しない（『即位の踰年〈翌年〉に改元、終身易へず』）。我が国でもそれを行うべきである」というのです。

　以上のような提言を参考にして、**慶応4年（1868）9月8日に「一世一元の詔」が発せられ、「慶応」から「明治」に改元**されました。

藤田幽谷（1774～1826年）

92

重要なのは、ただ改元するだけでなく、今後は「一世一元」を継続するべきと宣言されていることです。これによって、吉凶などによる迷信的な改元を否定すると同時に、**復古的に天皇の権威が高められる**結果となったのです。

　しかし、考えようによっては、江戸時代に天皇に許された唯一の権限ともいうべき新年号制定権を、天皇から奪う結果となったともいえます。

❖ 「一世一元の制」の法律的な裏付け

　「一世一元の制」が法律的に裏付けられたのは明治22年（1889）のことで、大日本帝国憲法と同時に公表された**「皇室典範」の第12条に、「皇位についてから元号を建て、一世の間は改元しない」**と定められたことで、ようやく確立しました。ただ、ここで問題になるのは、「皇位についてから」といっても、それが即日（その日）なのか、翌日なのか、翌月なのか、翌年なのか、どの時点を指すのか曖昧な点です。

　これは、明治42年（1909）に、天皇の命令が書かれた文書である「勅」によって定められた「登極令」❶の第2条に、「皇位についてから直ちに元号を改める」と明文化されたことによって、建元される時期がはっきりとしました。事実、「大正」と「昭和」の改元は、前の天皇の死去したその日のうちに行われています。

❖ 「皇室典範」の改正の影響

　さて「一世一元の制」は、現在もそのまま行われています。しかし昭和20年（1945）の敗戦にともない、「一世一元の制」の裏付けとなった「皇室典範」は改定されて元号規定はなくなりました。また、登極令も廃止されたのです。そのため、「昭和」という元号の法律的裏付けもなくなってしまったわけで、その後も元号が公的文書や新聞などで用いられ続けていたのは、あくまで慣習だったといえるのでしょう。

これまでの改元は天皇がその意志を示すことで、改元することができたってことだね！

12　「一世一元の制」が成立したのは明治になった時？

❶登極令
戦前の「旧皇室典範」において、天皇の践祚や即位礼など、各儀式の次第などが詳細に規定されている皇室令。明治42年（1909）公布、全18条。昭和22年（1947）廃止された。

くじ引きで決められた「明治」

　「一世一元の詔」が発せられましたが、「慶応」から「明治」に改元された時に強力に推進したのは、新政府で重要な役職を担った公家の岩倉具視で、その伝記・史料集である『岩倉公実記』によれば、「岩倉が『一世一元の制』を提案し、議定・参与などの新政府の役職にある者も賛成したので、天皇の裁可を得た。そして菅原氏出身の公家（菅原道真の子孫家）に選ばせた年号の候補のなかから、2、3の良い案を選んで天皇に上奏した。そして天皇は、宮中の賢所（天照大御神の神霊の象徴である八咫鏡を祀る神殿）で自らくじを引き、『明治』が選ばれた」と記されています。

　「明治」という元号がくじ引きで決められたことについては、いい加減な決め方であると思う人もいるでしょう。しかし身を清めて神前で引くくじは、肉声では語らない神の意志をうかがい知る、もっとも神聖な方法といえるものでありました。

　かつて室町時代の5代将軍足利義量の急死により後継者が問題となった時、源氏の守護神である石清水八幡宮における抽籤により、4人の候補者のなかから6代将軍として足利義教が選ばれたことがあります。古代中国の殷王朝でも、骨を焼いてできるひび割れによって神意を占っていました。神前の抽籤は、決して不謹慎なことではなかったのです。

　神前の抽籤により年号を「明治」とする神意が得られたので、翌9月8日に、「一世一元の詔」が出されました。

岩倉具視（1825～83年）

「一世一元の詔」には「すべてを一新するために、慶応4年を改めて明治元年とする。今後は一世一元を永く続ける」ことが記されているぞ。

年号はどうやって決められていたのか？

　平安時代の前期までは、年号を決める手順についての史料がなく、よくはわかっていませんが、平安時代中期以降については明らかになっています。

　天皇が「勅」（天皇の言葉）によって改元する意志を表明すると、この勅の意図を受けた左大臣や右大臣などの最高位にある者が、文章博士に命じ、先例や吉凶などを調べさせて数案を上申させます。このように朝廷から諮問された学者などが、必要な情報を調査して上申する文書を「勘文」といいます。

　次いで大臣や公卿の合議が開かれ、勘文を読んで十分に議論が尽くされます。そして最終的には２〜３の案に絞って天皇に上奏します。すると天皇から、「一案に絞るように」との仰せがあるので、再び最終的に審議を尽くして上奏することになります。天皇はそれを新しい年号として勅定し（天皇によって自ら定められ）、事実上ここで決定されたことになるのです。あとは公布のために所定の手続きが行われ、天皇は原則として改元について意見を述べないことになっています。

　しかし、「康保」への改元（964年）に見られるように、提出された文字が「不快」であるとして、村上天皇が「吉」である文字を選ぶように再審議を命じた例もあります。

「一世一元の制」が成立したのは明治になった時？

現代の元号選定の手続き　〜「令和」の場合〜

首相が専門家数人に２〜５の新元号の考案を委嘱
▶ 過去に使われていないなどに留意し、数個の「原案」に絞り込む（漢字２文字／書きやすい／過去に使われていない）
▶ 官房長官が有識者懇談会を開催。原案について意見を求めたうえで、首相に報告
▶ 首相が衆参両院の正副議長の意見聴取。全閣僚会議で協議
▶ 閣議で新元号を決定

「令和」の時は他の候補が５つあったんだよね！

「万保」「万和」「広至」「久化」「英弘」だな

エピソード 13
元号の法制化は国民的な盛り上がりで実現した！

昭和20年に日本は第二次世界大戦で敗れて天皇主権の憲法を改定するよう要求され

それにともなって「皇室典範(こうしつてんぱん)」も改めたんだ

昭和22年に公布(こうふ)された新しい皇室典範では元号についての規定はなく「昭和」という元号の法的根拠(こんきょ)はなくなった！

え？　でも今でも昭和って聞くよね？

「昭和」の慣習(かんしゅう)的使用まで禁止されたわけじゃないからな

内閣法制局は同じ年に元号法案を考えて、政府はこれを国会で審議(しんぎ)するつもりだったんだけど、

天皇の権威を認めることになるとGHQ※が認めなかったんだ

※GHQとは
第二次世界大戦後に日本を占領した連合国軍の最高司令部の略称。
1945～52年まで日本を占領統治した。

エピソード13 元号の法制化は国民的な盛り上がりで実現した！

❖ 法律的な根拠がなくなった「昭和」

　昭和20年（1945）の敗戦にともない、GHQは日本に憲法改定を要求しました。それは天皇制を根本から変えることになるので、当然のことながら**「一世一元の制」の法律的根拠となっていた「皇室典範」も改定せざるを得なくなりました**。しかし、昭和22年（1947）1月に公布された新たな皇室典範には元号についての規定がなかったため、**「昭和」という元号には法律的根拠がなくなってしまった**のです！

　皇室典範から元号規定がなくなってしまったのは、皇室典範には皇族の身分に関する規定に限るようにと、GHQが命じたからでした。ただ**元号「昭和」の慣習的使用まで禁止されたわけではありません**。昭和21年に成立した第1次吉田茂内閣は、「一世一元、以て永式と為せ」という明治の改元詔書にともなって出された太政官布告を、「昭和」という元号にとって有効な現行法と見なしていました。しかし、昭和22年に内閣法制局によって起草された元号法案には、附則で**「現在の元号（「昭和」）はこの法律による元号とする」**と記されています。これは、吉田内閣が根拠としていた法があったとしても、「昭和」の法律的根拠があやふやであることを、政府自身が認めているようなものです。

　政府はこの法案を国会で審議するつもりだったのですが、天皇の権威を認めることになるという理由で、GHQは法案の国会提出を認めませんでした。そのため、法案はついに国会に提出されることはなかったのです。

マッカーサーと昭和天皇
マッカーサーはGHQの総司令官として、日本の戦後処理に大きな影響を与えた。リラックスしたマッカーサーと緊張した表情の昭和天皇が対照的である。

結局法制化が見送られたため、「昭和」は元号としてはずーっと慣習的に使用されていたわけだ!!

❖ 国民的な運動の盛り上がり

明治百年記念式典

その後、元号法制定化問題は、衆議院の内閣委員会や参議院の文部委員会で何回か取り上げられるのですが、政府は積極的には動きませんでした。しかし昭和41年の建国記念の日の制定や、昭和43年の明治百年記念式典、昭和50・51年の天皇在位五十年奉祝行事などを契機（けいき）として、しだいに国民的運動が盛り上がってくると、政党が法制化促進を要望したり、地方議会が法制化促進を要望する決議を行うなど、政府も重い腰を上げざるを得ない環境が整ってきました。

元号法成立までに議会決議をした全国の市町村は、過半数の1632にもおよびます。また昭和51年（1976）に内閣府政府広報室が行った「元号に関する世論調査」によれば、**元号制度について積極的維持と消極的維持を合わせると75.7％**、積極的廃止と消極的廃止を合わせると5.8％という結果になっています。

このような盛り上がりを受けて、政府（大平正芳（おおひらまさよし）内閣）が元号法案を国会に提出したのは、昭和54年（1979）2月のことでした。衆参両院の質疑・討論は前後4カ月、実質23日間におよび、その間に多くの参考人が招かれて意見を述べました。

賛成の立場を明確にしたのは与党の自由民主党の他に、野党では公明党・民社党・新自由クラブ、反対の立場は社会党と共産党でした。結局、元号法案は4月24日に衆議院本会議で、6月6日には参議院の本会議で、いずれも3分の2以上の賛成多数によって可決成立し、ただちに公布されました❶。

これを日の目を見なかった昭和22年（1947）の法案と比較すると、第1項と第2項が入れ替えられ、「一世の間これを改めない」という文言が削除されています。しかし、**一世一元の原則は事実上維持されています。**

こうして**元号「昭和」は、32年ぶりにその法律的根拠を得たわけです。**

❶当時の国会の構成
衆議院議員（定数511議席）
自由民主党	249
日本社会党	123
公明党	55
民社党	29
日本共産党	17
新自由クラブ	17
無所属	21

元号を先取りしていた地名　〜「平成」の場合〜

　現代の改元においては、元号を選定するに当たって細心の注意が払われます。過去の使用例から始まり、すでに世の中で使われている（俗用されている）言葉ではないか、会社名や商品名や地名などに同名のものはないか、海外の漢字使用国の例まで調べなければなりません。「平成」の改元の際も念入りに調べたのでしょうが、「平成」が公表された後に、岐阜県の武儀町（後に関市に編入）に、「平成（〈へなり〉と読む）」という小字名があることがわかりました。

　小字とは、明治時代に合併によって市町村が成立した際、行政地名としては消滅した江戸時代以来の地名で、小さな集落や耕地のまとまりを指す程度の狭い範囲を表しています。そのため、そこまでは調べようもなく、やむを得ないものといえるでしょう。

　しかし、当の武儀町や平成地区では大喜び。町名を「平成町」に変更する案は否決されたものの、平成3年（1991）には、平成改元時の内閣官房長官であった小渕恵三氏を来賓として招き、地域振興のための「日本平成村」立村式典が行われました。また、美濃（岐阜県南部）と飛騨（岐阜県北部）を結ぶ県道には、日本平成村のシンボルとして、道の駅「平成」が作られて賑わっています。もちろん道の駅「平成」は、〈へなり〉ではなく〈へいせい〉と読みます。

　ちなみに「平成」と書いて〈たいら　しげる〉と読む名前の人が実在しますし、2019年に改元した「令和」には、この漢字のままで〈のりかず〉〈よしかず〉などと読む名前を持つ人がいて、話題になりました。

元号の法制化は国民的な盛り上がりで実現した！

エピソード 14

「平成」の改元は初めてだらけ！

昭和64年1月7日
昭和天皇が亡くなり
その翌日を
平成元年1月8日として
改元が行われたんだな

よし、次は
平成の改元についてだ

おお！
一気に身近に
なったね

そういえば
新しい元号は
誰が選んでるの？

昔は菅原道真（すがわらみちざね）の子孫である
公家（くげ）が務めることが多くて
「明治」の時も菅原家出身の
公家だったんだ

今では和漢（わかん）の典籍（てんせき）や
歴史や中国の史書に明るく
人格高潔（こうけつ）で絶対機密を漏（も）らさない
信頼できる人たちに極秘に頼むんだよ

結果それが誰だったか
どうやって選ばれたかは
国家機密だから
今でもわからないんだ

エピソード14 「平成」の改元は初めてだらけ！

♣ 法律に基づく初の改元

　昭和天皇は、昭和62年（1987）9月に癌と診断されていました。それ以後は改元を想定した準備が、極秘のなか、急ピッチで進められていたことでしょう。そして昭和64年1月7日に昭和天皇が87歳で亡くなり、皇太子である明仁親王が即位しました。これを受けて同日、元号法に基づいて改元の政令が出され、その翌日を「平成元年1月8日」とすることにより改元が行われました。

　いくつかの新元号案を選ぶ役目は、従来は菅原道真の子孫である公家が務めていました（→ p.71）。しかし現代では、そのようなわけにもいきません。和漢の書物や歴史・故実に詳しく、人格高潔で絶対に機密を漏らさない信頼できる複数の人物に、極秘に委嘱することになっています。

当時は竹下登内閣で、官房長官だった小渕恵三氏が「平成」と墨書きされた台紙を掲げる場面は、新聞やテレビに大きく報道されたな。

平成改元の台紙の鑑定価格

　2008年（平成20）のこと、歌手のDAIGOさんが、TBSの音楽バラエティー番組「うたばん」に出演した時のことです。彼は驚くべき「お宝」を持ち込み、価格の鑑定を依頼しました。それはなんと、平成改元の際に小渕恵三官房長官が掲げてよく知られた、「平成」と墨書きされた台紙だったのです。この台紙は平成改元時の内閣総理大臣であった竹下登氏に贈呈され、そのまま元首相の私邸に飾られていました。DAIGOさんは竹下元首相の孫に当たり、持ち出すことができたのです。鑑定士は仰天し、結局「価値が高すぎて鑑定できない」ことになってしまいました。現在この台紙は、国立公文書館に寄贈され、常設展示されています。

❖「昭和」から「平成」へどのように改元されたか？

昭和天皇が亡くなったのは**午前6時33分**でしたが、天皇不在の時間は1日たりともあってはならないと、即日、**午前10時**から皇位継承の儀式である神器の剣と勾玉と日本国の印「国璽」と天皇の印「御璽」を受け継ぐ、「剣璽等承継の儀」が行われています。

同日**午後1時**、官邸で8人の有識者からなる「元号に関する懇談会」が開かれました。そこでは、すでに内閣内政審議室によって10以上の候補から、「修文」「正化」「平成」の3案に絞られていた元号についての意見がかわされたのです。

内閣内政審議室長であった的場順三氏は後日のインタビューで、「私は平成・修文・正化の3案の出典等を説明したうえで、『明治・大正・昭和の頭文字であるM・T・Sの後はHが据わりがいいでしょう』と言った。他の2案はSだったから、平成が選ばれるよう議論を誘導した」と答えています。

また**午後1時20分**には、小渕恵三官房長官が国民の代表としての衆参両院正副議長にも意見を求めましたが、元号法には「元号は、政令で定める」と決められていますから、内閣に委任するとのことでした。そこでただちに**午後1時50分**から内閣では全閣僚会議が開かれ、短時間で全閣僚が「平成」へ賛同したので、**午後2時10分**から臨時閣議に切り替えられ、正式に決定されました。閣議はわずか20分で終了し、**午後2時36分**には、小渕恵三内閣官房長官が記者会見で「平成」と書かれた台紙を示しながら新元号を発表しました。

この3案から選ばれたんだよ。

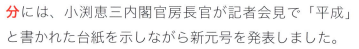

こうして時間でできごとを追ってみると、すごく緊迫した1日だったことがわかるね。

❖「平成」の改元の重要な意義とは

この「平成」の改元は、元号史上、大変重要な意義を持っています。

「明治」から「大正」、「大正」から「昭和」への改元の際は、決定されて即日施行されていました。その手続きとして「大正」「昭和」の改元での元号は、天皇の諮問機関である枢密院の顧問に諮った後、勅（天皇の言葉）によってこれを定め、詔書によって公布されています。

しかし「平成」は、初めて内閣の閣議において政令によって定められ、さらに官報号外によって公布されました。このように、これまでとはまったく異なる手順で制定・公布されたのです。政令は、国会の審議なしに内閣が制定することができるものです。ことの性格上、公表されるまでは極秘でなければならないため、国会審議には馴染まなかったのです。

「平成」が施行されたのは翌8日からだけど、これはコンピュータプログラムの変更等を行うために時間的猶予を考慮したものと報道されているんだ。

「平成」という言葉の意味

「平成」という言葉は、『史記』の「五帝本紀」にある「内平外成」（内平かに外成る）と、『書経』の「大禹謨」編にある「地平天成」（地平かに天成る）からとられました。これらの言葉は、古代中国の伝説的君主である舜の言葉で、理想的な政治について述べた部分です。

特に『史記』の引用部分は、「父は義、母は慈、兄は友、弟は恭、子は孝にして、**内平かに外成る**」というもので、「父は正義を行い、母は慈愛にあふれ、兄は親切で友愛に満ち、弟は慎んで兄を敬い、子は親に孝を尽くし、それぞれが人の道を行うならば、家のなかは平和となり、外へもそれが広がってゆく」という意味です。昔の倫理観をそのまま現代に当てはめることに抵抗のある人もいるでしょうから、ここでは「人の道のあるべき姿」にまでは踏み込みませんが、家庭が平和であり、それが外にまで広がってゆくことは、大変すばらしいことです。それを国のレベルで理解するならば、日本の元号である「平成」は、日本国内が平和になり、それが全世界に良き影響をおよぼすことを祈念することを表しているといえるでしょう。

エピローグ
〜君も明日から〜

第2部

明日話したくなる
元号に関する資料

1 元号に使われた漢字ランキング

　元号（年号）には、制定者の政治理想を反映して、意味の良い文字が選ばれます。治世の末永い繁栄や、統治者の強大な権力や、徳治に対する天の祝福である祥瑞や、災異の収束などを表す文字が選ばれるので、おのずから選ばれる文字は決まってしまうのです。

　森本角蔵氏の大著『日本年号大観』（1938年）によれば、元号（年号）制の本家である中国では、紀元前から年号が建てられていたことや、王朝が並立したことなどもあって、年号に使用されたことのある文字は148文字、年号の数は354もあるそうです。ただし国土が広大な中国では、年号が2つ以上並立することは珍しくなく、また重複するものも少なくありません。中国の年号で使用頻度の高い上位10位までの文字は、多い順に「元」「永」「建」「天」「和」「平」「興」「太」「光」「嘉」「大」「徳」などで、日本の元号に使用されている漢字ランキング上位のものと共通しているものがたくさんあります。

　日本で令和までに用いられた元号は、北朝の16を含めると合計248もありますが、重複するものは1つもありません。しかし、使用されている文字は73文字しかありません！
　もっとも多いのが「永」で29回、次いで「天」「元」の27回、その次には「治」の21回、次いで「応」「和」の20回、「文」「長」「正」の19回、「安」の17回、「暦」「延」の16回、「保」「徳」「寛」の15回、「承」の14回、「仁」の13回、「平」「嘉」の12回、「宝」「康」の10回と続きます。以下は別表を参考にしてください。
　使用された73文字のうち、使用回数が5回以下の文字が43文字もあること、使用頻度の高い文字は限られていることがわかります。全73文字のうち、10回以上使用されているのは21文字しかなく、31文字は1回しか用いられていません。このことから、日本の元号は、実質的に約40文字の組み合わせからなっているといえるでしょう。

　このことから、元号に使用される文字にはどのような特徴があるといえるでしょうか。
　元号は、天皇の代始を祝福したり、安寧な治世や災異が穏やかに鎮まることを祈念して建てられるので、いずれもそれにふさわしい文字が選ばれています。

帝王の徳を表す文字としては、「正」「寛」「仁」「徳」などがあります。一般的に「五徳」と呼ばれる儒教の徳目である「仁・義・礼・智・信」のうちでは、「仁」しか見当たりません。儒教的な意味を含む元号は多いわけではないようです。永く続くことを意味する文字としては、「永」「長」「延」「久」などがあり、これらは頻度も高く、何度も使用されています。政治の安寧を意味する文字としては、「治」「和」「安」「保」「平」などがあり、これらも同様に使用頻度が高くなっています。

　中国ではしばしば内乱や武力による王朝の交代があったため、「建」「興」「武」「洪」「開」などのように、建国や強い統治を意図した能動的な印象のある文字が選ばれる傾向がありました。年号としては、「建興」・「建平」・「建武」・「永興」・「洪武」・「武徳」・「開元」などです。日本にも後醍醐天皇による「建武」（1334年～）がありますが、これは意図して中国の年号にならったものでした。

　日本では年号を制定する権限を持っていたのは朝廷でした。国の政治を司る政権担当者が交代することはあっても、朝廷の権威を越える存在になることはなく、年号の制定者としての朝廷は断絶することはありませんでした。もし憂いがあるとすれば内乱や革命よりも天変地異であり、それらが鎮まり、君主の徳化による治世を表す、穏やかな印象のある文字が選ばれる傾向があるのは、このことと関係しているのでしょう。

　強い統治を印象付ける「興」を含む年号が中国では 18 例もあるのに対し、日本では 1 例のみ。「武」は、中国 7 例に対して日本ではこれも 1 例。君主の徳を表す「寛」については、日本では 15 例もあるのに中国では例がありません。日本と中国では、歴史的に好まれる文字が大いに異なっているのです。

　今後はどのような文字が選ばれるのでしょうか。

　小学生にも書きやすく、意味を理解できる文字という条件があるので、画数が多かったり、意味の難しい文字が選ばれることはないでしょう。祥瑞に関する文字や宗教性が強いもの、強力な国家権力を連想させる文字も現代にはそぐわないとして除外されるでしょう。元号をアルファベット表記にした時の頭文字が重複する文字も、運用的な視点から選ばれません。民主主義・平和主義の現代日本にふさわしく、平易で明るく、国民に共通して受け容れられる文字の組み合わせを選ぶことは、じつに難しいことなのです。そういう選定基準から見ると、「平成」「令和」という元号は、じつにこの現代にふさわしいものであるということができるでしょう。

元号　使用漢字　ランキング

順位(回数)	漢字	漢字の意味	例
1 (29)	永	常用漢字，教育漢字 音 エイ　外 ヨウ　訓 なが（い）　外 とこしえ 意味　①ながい。距離・時間がながい。「永年」「永続」 ②とこしえに。限りなく。いつまでも。「永久」「永世」	寛永 (1624～44) 嘉永 (1848～54)
2 (27)	元	常用漢字，教育漢字 音 ゲン・ガン　訓 もと　外 はじ（め） 意味　①もと。根本。「元素」　②はじまり。「元祖」　③あたま。くび。「元服」　④おさ。つかさ。第一の人。首長。「元勲」「元首」　⑤年号。「元号」「改元」　⑥中国の王朝名。「元（ゲン）」　⑦中国の貨幣単位。	保元 (1156～59) 元治 (1864～65)
2 (27)	天	常用漢字，教育漢字 音 テン　訓 あめ・あま　外 そら 意味　①あめ。そら。「天空」　②そらもよう。「天気」　③万物を支配するもの。「天帝」「天罰」　④自然の道理。自然のはたらき。「天然」　⑤めぐりあわせ。運命。「天運」「回天」　⑥生まれつき。「天才」「天賦」　⑦神の存在するところ。神の国。「天国」「天使」　⑧天子や天皇に関する事柄につける語。「天顔」「天覧」　⑨物の最上部。てっぺん。「脳天」	天平 (729～749) 天保 (1830～44)
4 (21)	治	常用漢字，教育漢字 音 ジ・チ　訓 おさ（める）・おさ（まる）・なお（る）・なお（す） 意味　①おさめる。おさまる。ととのえる。とりしまる。「治安」「政治」　対 乱　②病気やけがをなおす。なおる。「治療」「全治」	治承 (1177～81) 明治 (1868～1912)
5 (20)	和	常用漢字，教育漢字 音 ワ・オ　外 カ　訓 やわ（らぐ）・やわ（らげる）・なご（む）・なご（やか）　外 な（ぐ）・あ（える） 意味　①やわらぐ。おだやか。のどか。「和気」「温和」　②なかよくする。争いをおさめる。「和議」「平和」　③合わせる。合う。ととのう。「和音」「唱和」「調和」　④あえる。まぜる。「混和」「中和」　⑤２つ以上の数を加えたもの。「総和」　⑥日本。日本語。「和服」「和文」「和洋」倭（ワ）　⑦「大和（やまと）の国」の略。「和州」	和銅 (708～715) 昭和 (1926～89)

108

順位(回数)	漢字	漢字の意味	例
5 (20)	応	常用漢字，教育漢字 音 オウ　訓 こた（える）　外 まさに…べし 意味　①こたえる。うけこたえる。「応酬」「応答」「呼応」対 呼　②したがう。状況に合った動きをする。「応急」「感応」「順応」　③ふさわしい。「応分」「相応」　④まさに…べし。	応仁 (1467～69) 慶応 (1865～68)
7 (19)	文	常用漢字，教育漢字 音 ブン・モン　訓 ふみ　外 あや・かざ（る） 意味　①あや。もよう。いろどり。「文様」「文質」「文飾」　②もじ（文字）。ことば。「文句」「金文」「邦文」　③ことばをつづったもの。「文書」「詩文」「序文」　④本。記録。書物。「文献」「文庫」　⑤学問や芸術の分野。「文化」「文明」「人文」対 武　⑥もん。単位を表す。（ア）昔の貨幣の単位。1貫の1000分の1。（イ）たび・くつなどの大きさの単位。1文は2.4cm。	文治 (1185～90) 文政 (1818～30)
7 (19)	正	常用漢字，教育漢字 音 セイ・ショウ　訓 ただ（しい）・ただ（す）・まさ 意味　①ただしい。まちがいない。道理にかなった。「正解」「正義」対 邪　②ただす。なおす。「改正」「修正」　③まさに。まさしく。ちょうど。「正午」「正方形」　④本来の。ほんとうの。主となる。「正式」「正統」対 副　⑤同じ階級の上位。「正三位（ショウサンミ）」対 ④⑤従　⑥0より大きい数。また，電極のプラス極。「正極」「正数」対 負　⑦年のはじめ。「正月」　⑧かみ。長。長官。「僧正」	正安 (1299～1302) 大正 (1912～26)
7 (19)	長	常用漢字，教育漢字 音 チョウ　外 ジョウ　訓 なが（い）　外 た（ける）・おさ 意味　①ながい。（ア）距離やたけがながい。「長編」「身長」（イ）時間がながい。「長期」「長寿」　②たける。育つ。大きくなる。「生長」「成長」　③のびる。のばす。「延長」「助長」　④年をとっている。目上。「長上」「長幼」　⑤もっとも年上である。最年長。「長男」「長子」　⑥おさ。かしら。最上位の人。「長官」「会長」　⑦すぐれている。「長所」対 ①③⑦短　⑧むだ。あまり。「長物」「冗長」　⑨「長門（ながと）の国」の略。「長州」	長享 (1487～89) 慶長 (1596～1615)
10 (17)	安	常用漢字，教育漢字 音 アン　訓 やす（い）　外 やす（んじる）・いずく（んぞ） 意味　①やすらかである。落ち着いている。心配がない。「安住」「安泰」「安堵（アンド）」対 危　②値段がやすい。「安価」　③たやすい。簡単である。「安易」「安直」　④たのしむ。甘んじる。「安逸」　⑤おく。すえる。「安置」　⑥いずくんぞ。疑問・反語の助字。	安和 (968～970) 保安 (1120～24)
11 (16)	延	常用漢字，教育漢字 音 エン　訓 の（びる）・の（べる）・の（ばす）　外 ひ（く）・は（え） 意味　①のばす。のびる。ひろがる。「延長」「延命」　②時間や期日がのびて遅れる。「延期」「延滞」　③ひく。ひきいれる。まねく。「延見」　④のべ。同一のものの重複を含めて数えること。	永延 (987～989) 寛延 (1748～51)

順位(回数)	漢字	漢字の意味	例
11 (16)	暦	常用漢字，教育漢字 音 レキ　外 リャク　訓 こよみ 意味 ①こよみ。また，月日。年数。「暦日」「暦法」　②めぐりあわせ。運命。「暦数」	延暦 (782〜806) 宝暦 (1751〜64)
13 (15)	保	常用漢字，教育漢字 音 ホ　外 ホウ　訓 たも（つ）　外 も（つ）・やす（んじる） 意味 ①たもつ。もつ。もちつづける。「保持」「保有」　②やすんじる。たすける。やしなう。「保育」「保護」　③うけあう。ひきうける。「保証」「担保」	応保 (1161〜63) 享保 (1716〜36)
13 (15)	寛	常用漢字 音 カン　訓外 ひろ（い）・ゆる（やか）・くつろ（ぐ） 意味 ①ひろい。心がひろい。ゆとりがある。「寛恕（カンジョ）」「寛大」　②ゆるやか。ゆったりしている。「寛座」　③くつろぐ。のんびりとする。	寛保 (1741〜44) 寛政 (1789〜1801)
13 (15)	徳	常用漢字，教育漢字 音 トク 意味 ①身にそなわった品性。人としてねうちのある行い。「徳義」「道徳」　②めぐみ。教え。「徳化」「恩徳」　③もうけ。利益。「徳用」　対 得	建徳 (1370〜72) 正徳 (1711〜16)
16 (14)	承	常用漢字，教育漢字 音 ショウ　訓 うけたまわ（る）　外 う（ける） 意味 ①うける。うけつぐ。「承句」「継承」　②うけたまわる。ひきうける。「承知」「承諾」	承元 (1207〜11) 承久 (1219〜22)
17 (13)	仁	常用漢字，教育漢字 音 ジン・ニ　外 ニン 意味 ①おもいやり。いつくしみ。「仁愛」「仁徳」　②儒教で説く最高の徳。「仁義」「仁者」　③ひと。「御仁」　④果物のたね。「杏仁（キョウニン）」	仁和 (885〜889) 応仁 (1467〜69)

順位(回数)	漢字	漢字の意味	例
18 (12)	嘉	音カ 訓よ(い)・よみ(する) 意味 ①よい。めでたい。りっぱな。さいわいする。「嘉慶」「嘉日」 類佳 ②よみする。ほめる。「嘉尚」「嘉賞」	嘉保 (1094～96) 嘉禄 (1225～27)
18 (12)	平	常用漢字，教育漢字 音ヘイ・ビョウ 外ヒョウ 訓たい(ら)・ひら 意味 ①たいら。ひらたい。「平地」「水平」 ②かたよらない。ひとしい。「平等」「平均」 ③おだやか。やすらか。「平和」「太平」 ④たいらげる。しずめる。「平定」 ⑤つね。なみ。ふつう。「平常」「平素」 ⑥やさしい。簡単。「平易」「平明」 ⑦漢字音の四声の1つ。「平声」 ⑧四姓（源・平・藤（トウ）・橘（キツ））の1つ。「平氏」の略。「平家」 ⑨「平方」のこと。「平米（ヘイベイ）」	寛平 (889～898) 平成 (1989～2019)
20 (10)	宝	常用漢字，教育漢字 音ホウ 訓たから 意味 ①たから。たからもの。また，たからとする。「宝石」「宝典」 ②天子・仏などに関して添える敬称。「宝位」	宝徳 (1449～52) 延宝 (1673～81)
20 (10)	康	常用漢字，教育漢字 音コウ 訓外やす(い) 意味 ①やすい。やすらか。やすんじる。「安康」「小康」 ②すこやか。体が丈夫である。「健康」	康元 (1256～57) 康安 (1361～62)
22 (9)	久	常用漢字，教育漢字 音キュウ・ク 訓ひさ(しい) 意味 ひさしい。長い間。「久遠」「永久」	延久 (1069～74) 文久 (1861～64)
22 (9)	建	常用漢字，教育漢字 音ケン・コン 訓た(てる)・た(つ) 外くつがえ(す) 意味 ①たてる。たつ。おこす。つくる。「建国」「建築」 ②意見を申したてる。「建議」「建白」 ③くつがえす。「建水（ケンスイ）」	建久 (1190～99) 建武 (1334～36)

01 元号に使われた漢字ランキング

順位(回数)	漢字	漢字の意味	例
22 (9)	慶	常用漢字 音 ケイ　外 キョウ　訓外 よろこ（ぶ）・よ（い） 意味　よろこぶ。いわう。めでたい。よろこび。「慶賀」「慶事」対 弔	延慶 (1308～11) 慶安 (1648～52)
25 (8)	享	常用漢字 音 キョウ　訓外 う（ける）・あ（たる） 意味　①うける。うけいれる。「享受」　②もてなす。ふるまう。「享宴」　③供える。ささげる。「享祭」　④あたる。かなう。	享禄 (1528～32) 享和 (1801～04)
25 (8)	弘	音 コウ・グ　訓 ひろ（い）・ひろ（める） 意味　①ひろい。大きい。「弘遠」「寛弘」類 宏（コウ）　②ひろめる。行きわたらせる。「弘通（グズウ）」「弘法」	弘仁 (810～824) 弘化 (1844～48)
25 (8)	貞	常用漢字 音 テイ　外 ジョウ　訓外 ただ（しい） 意味　ただしい。心が正しい。みさおを守る。「貞淑」「貞節」	貞元 (976～978) 貞享 (1684～88)
28 (7)	明	常用漢字，教育漢字 音 メイ・ミョウ　外 ミン　訓 あ（かり）・あか（るい）・あか（るむ）・あか（らむ）・あき（らか）・あ（ける）・あ（く）・あ（くる）・あ（かす） 意味　①あかるい。「明星」「清明」　②あかり。あかりがつく。「明滅」「灯明」対 滅　③あきらか。あきらかにする。「明確」「証明」　④さとい。かしこい。「明君」「賢明」対 ①③④暗　⑤あける。夜があける。また，つぎの。あす。「明晩」「未明」　⑥神。また，神聖なもの。「神明」　⑦みん。中国の王朝名。	明応 (1492～1501) 天明 (1791～89)
28 (7)	禄	音 ロク　訓 さいわ（い）・ふち 意味　①さいわい。天からの贈り物。「天禄」「福禄」　②ふち（扶持）。役人の給料。「禄高」「俸禄」	文禄 (1592～96) 元禄 (1688～1704)

順位(回数)	漢字	漢字の意味	例
30 (6)	大	常用漢字，教育漢字 音 ダイ・タイ　外 タ・ダ　訓 おお・おお（きい）・おお（いに） 意味 ①形や規模がおおきい。「大河」「長大」対 小　②数や量が多い。「大群」「大衆」　③おおいに。たいへん。ひじょうに。はなはだ。「大安」「大慶」　④重要な。たいせつな。「大義」「大役」　⑤すぐれた。りっぱな。「偉大」「大器」　⑥順序の最高位を表す語。「大将」「大僧正」対 中・小　⑦物の大きさ。「等身大」　⑧おおきくなる。おごる。いばる。「誇大」「尊大」　⑨だいたい。おおよそ。「大意」「大要」　⑩尊称・敬称・美称として添える語。「大兄」「大命」　⑪「大学」の略。「短大」	大宝 (701～704) 大治 (1126～31)
31 (5)	亀	常用漢字 音 キ　外 キュウ・キン　訓 かめ　外 あかぎれ 意味 ①かめ。カメ目の爬虫（ハチュウ）類の総称。また，かめの甲。「亀鶴」「亀鑑」「亀卜（キボク）」　②ひび。あかぎれ。「亀手」	宝亀 (770～780) 文亀 (1501～04)
32 (4)	万	常用漢字，教育漢字 音 マン・バン　訓 外 よろず 意味 ①まん。数の単位。1000の10倍。「数万」　②数の多いこと。よろず。「万策」「万感」「万能」　③けっして。かならず。「万万（バンバン）」「千万（センバン）」	永万 (1165～66) 万延 (1860～61)
32 (4)	寿	常用漢字 音 ジュ　外 ス　訓 ことぶき　外 ことほ（ぐ）・とし・ひさ（しい） 意味 ①ことぶき。ことほぐ。めでたいことを祝う。「寿詞」「賀寿」　②いのちが長い。長生きをする。「福寿」「長寿」　③とし。いのち。よわい。「寿命」「天寿」　④ひさしい。長く存在する。	万寿 (1024～28) 寿永 (1182～85)
34 (3)	中	常用漢字，教育漢字 音 チュウ・ジュウ　訓 なか　外 あ（たる）・あ（てる） 意味 ①まんなか。「中央」「中心」　②ある範囲のうちがわ。なかがわ。「意中」「車中」　③なかほど。3つに分けた2番目。「中等」「中流」　④あいだ。二者のあいだ。「中間」「中継」　⑤かたよらない。「中立」「中道」　⑥あたる。あてる。「中毒」「命中」　⑦ひとびと。仲間うち。「講中」「連中」　⑧ずっと。その間ずっと。すべて。「年中」「世界中」　⑨「中学校」「中国」の略。「中卒」「訪中」	文中 (1372～75) 元中 (1384～92)

01 元号に使われた漢字ランキング

順位(回数)	漢字	漢字の意味	例
34 (3)	化	常用漢字，教育漢字 音 カ・ケ　訓 ば（ける）・ば（かす）　外 か（わる）・か（える） 意味 ①ばける。ばかす。かわる。かえる。別のものになる。「化身（ケシン）」「変化」　②教え導く。影響を及ぼす。「感化」「教化」　③天地自然が万物を生成する。「化育（カイク）」「化工」　④異なる物質が結合して新しい物質になる。「化合」	大化 (645〜650) 文化 (1804〜18)
34 (3)	喜	常用漢字，教育漢字 音 キ　訓 よろこ（ぶ） 意味 よろこぶ。うれしがる。いわう。さいわい。「喜悦」「喜劇」「歓喜」　類 嬉（キ）　対 怒・悲・憂	延喜 (901〜923) 寛喜 (1229〜32)
34 (3)	政	常用漢字，教育漢字 音 セイ・ショウ　訓 まつりごと 意味 ①まつりごと。世の中をおさめること。「政治」「行政」　②物事をおさめること。「家政」「財政」	寛政 (1789〜1801) 安政 (1854〜60)
34 (3)	神	常用漢字，教育漢字 音 シン・ジン　訓 かみ・かん・こう　外 たましい 意味 ①かみ。「神社」「鬼神」　②人間の知恵でははかり知ることのできない不思議なはたらき。「神技」「神秘」　③こころ。たましい。「神経」「精神」　④「神戸」の略。「阪神」	神亀 (724〜729) 天平神護 (765〜767)
34 (3)	観	常用漢字，教育漢字 音 カン　訓 外 み（る） 意味 ①みる。くわしくみる。ながめる。「観客」「観測」　②かんがえる。ものの見かた。考え方。「観念」「主観」　③かたち。すがた。ありさま。「偉観」「奇観」	貞観 (859〜877) 永観 (983〜985)
34 (3)	養	常用漢字，教育漢字 音 ヨウ　訓 やしな（う） 意味 ①やしなう。育てる。世話をする。「養育」「養老」　②飼う。「養魚」「養殖」　③体をだいじにする。「養生」「静養」　④心を豊かにする。「教養」「修養」　⑤義理の子を育てる。「養子」「養家」	天養 (1145〜51) 養和 (1181〜82)

01 元号に使われた漢字ランキング

順位(回数)	漢字	漢字の意味	例
41 (2)	護	常用漢字，教育漢字 音ゴ　訓外まも（る）・まも（り） 意味　①まもる。まもり。かばう。たすける。「護衛」「救護」 ②梵語（ボンゴ）の音訳に用いられる。「護摩」	天平神護 (765〜767) 神護景雲 (767〜770)
41 (2)	雲	常用漢字，教育漢字 音ウン　訓外クモ 意味　①くも。空に浮かぶくも。「雲霞（ウンカ）」「雲海」　②くものようなさま。「雲水」「雲散」　③身分の高いさま。「雲客」「雲上」　④そら。「青雲」　⑤「出雲（いずも）の国」の略。「雲州」	慶雲 (704〜708) 神護景雲 (767〜770)
43 (1)	乾	常用漢字 音カン　外ケン　訓かわ（く）・かわ（かす）　外ほ（す）・ひ・いぬい 意味　カン①かわく。かわかす。ほす。「乾燥」「乾田」類早（カン）　②うわべだけの。義理の。「乾笑」 ケン①易の八卦（ハッケ）の１つ。天，また天子を表す。「乾元」「乾像」「乾徳」対坤（コン）　②いぬい。北西の方角。「乾位」	乾元 (1302〜03)
43 (1)	亨	音コウ・キョウ・ホウ　訓とお（る）・に（る） 意味　①とおる。さしさわりなく行われる。　②すすめる。ささげる。　③に（煮）る。「亨熟」類烹（ホウ）	元亨 (1321〜24)
43 (1)	令	常用漢字，教育漢字 音レイ　外リョウ　訓外いいつけ・おさ・よ（い） 意味　①いいつける。命じる。いいつけ。「令状」「命令」　②のり。きまり。おきて。「訓令」「法令」　③おさ。長官。「県令」　④よい。りっぱな。「令色」「令名」　⑤他人の親族に対する敬称。「令室」「令嬢」	令和 (2019〜)
43 (1)	勝	常用漢字，教育漢字 音ショウ　訓か（つ）・まさ（る）　外すぐ（れる）・た（える） 意味　①かつ。相手を打ちまかす。かち。「勝機」「勝利」対敗・負　②まさる。すぐれている。「勝景」「健勝」　③たえる。もちこたえる。	天平勝宝 (749〜757)

115

順位(回数)	漢字	漢字の意味	例
43（1）	吉	常用漢字 音 キチ・キツ　訓外 よ（い） 意味　よい。めでたい。さいわい。「吉事」「吉報」「不吉」対 凶	嘉吉 (1441～44)
43（1）	同	常用漢字, 教育漢字 音 ドウ　外 トウ　訓 おな（じ）　外 とも（に） 意味　①おなじ。ひとしい。「同一」「同様」対 異　②ともに。ともにする。いっしょに。「同居」「合同」　③なかま。みな。「同志」「一同」　④その。「同月」「同氏」	大同 (806～810)
43（1）	国	常用漢字, 教育漢字 音 コク　訓 くに 意味　①くに。１つの政府に属する社会。「国民」「王国」　②日本。「国学」「国字」　③昔の行政区画の１つ。「国司」「国府」　④ふるさと。いなか。「国元」	興国 (1340～46)
43（1）	字	常用漢字, 教育漢字 音 ジ　訓 あざ　外 あざな 意味　①もじ。ことばを表す記号。「字画」「字形」　②あざな。実名のほかにつける呼び名。「姓字」　③あざ。町や村の中の一区画の名。「大字（おおあざ）」　④はぐくむ。やしなう。「字育」	天平宝字 (757～765)
43（1）	感	常用漢字, 教育漢字 音 カン 意味　①かんじる。(ア)心が動く。心にひびく。心に受ける。「感化」「感慨」(イ)知覚する。「感覚」「感触」　②染まる。かかる。また,「感冒」の略。「感染」「流感」	天平感宝 (749)
43（1）	成	常用漢字, 教育漢字 音 セイ・ジョウ　訓 な（る）・な（す） 意味　①なる。できあがる。「成立」「完成」　②なす。なしとげる。「成就（ジョウジュ）」「成功」　③そだつ。そだてあげる。「成長」「育成」	平成 (1989～2019)
43（1）	授	常用漢字, 教育漢字 音 ジュ　訓 さず（ける）・さず（かる） 意味　①さずける。あたえる。「授与」「授業」対 受　②さずかる。いただく。「神授」	天授 (1375～81)

順位(回数)	漢字	漢字の意味	例
43 (1)	昌	音ショウ　訓さか（ん） 意味　①さかん。勢いがつよい。「昌運」「昌盛」　②さかえる。「繁昌」　③よい。うつくしい。あきらか。「昌言」　④みだれる。だらしがない。	昌泰 (898〜901)
43 (1)	昭	常用漢字，教育漢字 音ショウ　訓外あき（らか） 意味　①あきらか。あかるい。「昭示」類照　②世の中がよくおさまる。「昭代」	昭和 (1926〜89)
43 (1)	景	常用漢字，教育漢字 音ケイ　外エイ 意味　①ありさま。ようす。けしき。「景観」「景勝」　②あおぐ。したう。「景仰（ケイギョウ・ケイコウ）」　③そえる。たす。「景品」「景物」　④大きい。めでたい。「景運」「景福」	神護景雲 (767〜770)
43 (1)	朱	常用漢字 音シュ　外ス　訓外あか・あけ 意味　①あか。黄色みをおびたあか。「朱印」「朱墨」　②江戸時代の貨幣の単位。1朱は1両の16分の1。	朱鳥 (686)
43 (1)	武	常用漢字，教育漢字 音ブ・ム　訓外たけ（し）・もののふ 意味　①たけし。たけだけしい。いさましい。「武名」「武勇」　②いくさ。たたかい。軍事に関するもの。「武術」「演武」対文　③もののふ。軍人。「武官」「武者」　④兵器。「武器」「武庫」　⑤ひとまたぎ。半歩の長さ。「歩武」　⑥「武蔵（むさし）の国」の略。「武州」	建武 (1334〜36)
43 (1)	泰	常用漢字 音タイ　訓外やす（い）・やす（らか）・おご（る） 意味　①やすい。やすらか。おだやか。「泰平」「安泰」　②大きい。ひろい。おちついている。「泰然」　③はなはだしい。きわみ。果て。「泰西」類太　④おごる。おごりたかぶる。	昌泰 (898〜901)
43 (1)	白	常用漢字，教育漢字 音ハク・ビャク　訓しろ・しら・しろ（い）　外あき（らか）・もう（す）・せりふ 意味　①しろ。しろい。「白衣」「紅白」　②きよい。けがれがない。「潔白」対①②黒　③しろくする。しらげる。「精白」「漂白」　④あかるい。あきらか。はっきりしている。「白日」「明白」　⑤なにもない。「白紙」「空白」　⑥もうす。告げる。「白状」「建白」　⑦せりふ。「科白」	白雉 (650〜654)

順位(回数)	漢字	漢字の意味	例
43 (1)	祚	音ソ　訓さいわ（い）・くらい・とし 意味 ①さいわい。しあわせ。「天祚」　②くらい。天子の位。「皇祚」　③とし（年）。「年祚」	永祚 (989〜990)
43 (1)	祥	常用漢字 音ショウ　訓外さいわ（い）・さち・きざ（し） 意味 ①さいわい。さち。めでたいこと。「嘉祥（カショウ）」「吉祥」　②きざし。前ぶれ。「祥雲」　③喪明けの祭り。「祥月」	嘉祥 (848〜851)
43 (1)	禎	音テイ　訓さいわ（い） 意味 ①さいわい。めでたいしるし。「禎祥」　②ただしい。類貞	嘉禎 (1235〜38)
43 (1)	福	常用漢字, 教育漢字 音フク　訓外さいわ（い） 意味　さいわい。しあわせ。神から与えられる助け。「福音」「幸福」 対禍	天福 (1233〜34)
43 (1)	老	常用漢字, 教育漢字 音ロウ　訓お（いる）・ふ（ける） 意味 ①おいる。ふける。年をとる。また，年をとった人。「老化」「敬老」対若・少・幼　②年をとって徳の高い人。「老公」「長老」　③経験をつむ。「老成」「老練」　④中国の思想家，老子。	養老 (717〜724)
43 (1)	至	常用漢字, 教育漢字 音シ　訓いた（る） 意味 ①いたる。とどく。ゆきつく。「乃至（ナイシ）」「必至」　②このうえもない。きわめて。「至言」「至急」　③太陽が極点に達した日。「夏至」「冬至」	至徳 (1384〜87)
43 (1)	興	常用漢字, 教育漢字 音コウ・キョウ　訓おこ（る）・おこ（す） 意味　コウ①おこる。さかんになる。「興亡」「振興」　②おこす。はじまる。ふるいたつ。「興業」「復興」「興奮」 キョウ①たのしみ。おもしろみ。「興味」「座興」　②「詩経」の六義の１つ。	興国 (1340〜46)

順位(回数)	漢字	漢字の意味	例
43 (1)	衡	常用漢字 音 コウ　訓外 はかり・はか（る）・くびき 意味　①はかり。めかた。「度量衡」　②つりあい。たいら。「衡鈞（コウキン）」「平衡」　③はかる。物の重量をはかる。　④よこ。「合従（ガッショウ）連衡」	斉衡 (854〜857)
43 (1)	銅	常用漢字，教育漢字 音 ドウ　訓外 あかがね 意味　どう。あかがね。金属元素の1つ。「銅線」	和銅 (708〜715)
43 (1)	雉	音 チ・ジ　訓 きじ 意味　きじ。きぎす（雉子）。キジ科の鳥。「雉兎（チト）」	白雉 (650〜654)
43 (1)	霊	常用漢字 音 レイ・リョウ　訓 たま　外 たましい・よ（い） 意味　①たま。神のみたま。万物に宿るたましい。また，死者のたましい。「霊魂」「神霊」　②ふしぎな。人知でははかりしれない。神聖な。「霊感」「霊泉」　③よい。すぐれた。「霊知」「霊妙」	霊亀 (715〜717)
43 (1)	鳥	常用漢字，教育漢字 音 チョウ　訓 とり 意味　とり。鳥類の総称。「鳥獣」「候鳥」「野鳥」	朱鳥 (686)
43 (1)	斉	常用漢字 音 セイ　外 サイ　訓外 ととの（える）・ひと（しい）・ものいみ 意味　セイ①そろう。そろえる。「斉唱」「一斉」　②ととのう。ととのえる。「均斉」　③ひとしい。「斉一」　④おさめる。「斉家」　⑤おごそか。つつしむ。「斉聖」　⑥中国の王朝・国名。 サイ　ものいみ。ものいみする。類 斎	斉衡 (854〜857)

01 元号に使われた漢字ランキング

2 元号を用いた歴史用語

　西暦が導入される以前に用いられていた紀年法（年を特定する方法）には、古代中国以来の干支法（十干十二支）がありました。これはある単年を表すことには向いています。しかし、60通りの組み合わせが機械的に繰り返しめぐって来てしまい、これらを順番に覚えるのは至難の業です。

　西暦では無限に「数」を積み重ねて年を表すので、そのような問題は生じません。単年を正確に選び出すことができ、いくつかの年の前後関係を一瞬で理解できます。

　しかし干支法も西暦も、単年を表すのに適しているという性格ゆえに、かえって複数年におよぶ期間を表現することには適していません。その点、元号（年号）ならば他の言葉を連結させて、その時点における事象を印象的に表すことができます。

　1つ例をあげてみましょう。

　江戸時代の18世紀後半に天明の大飢饉が起きました。飢饉というものはその始まりと終わりがはっきりしません。歴史年表などでは1782～87年ということになってはいますが、もともと冷害が続いていたところに浅間山の噴火でそれが顕著になったので、いつからいつまでという線引きが難しいのです。それでも1782年から始まったとするなら、西暦では「1782年に始まる大飢饉」としか表現できません。干支法では「壬寅の大飢饉」となるのでしょうが、ますますわけがわからなくなります。10代将軍徳川家治のもとで田沼意次が実権を握っていたことから、「家治の大飢饉」「田沼の大飢饉」と表現すると、まるで家治や田沼が引き起こした飢饉のように聞こえてしまいます。

　そこで、元号を使って「天明の大飢饉」とすれば、およその時期は押さえることができますし、少し勉強した人ならば、将軍徳川家治のもとで田沼意次が実権を握っていた時期と結び付けることは簡単です。

　このように歴史的事象を印象的に表現するには、元号と結び付けるとじつに便利なのです。もちろんその事象が起きた時点では歴史用語ではないのですが、時間の経過とともに歴史用語となり、歴史を理解するのに欠くことのできないものとなっています。

　このような言葉のなかから、高等学校の日本史で学習するレベルのものを探し出してみました。こうして並べてみると、大変多くの言葉があることに驚かされます。もし日本の歴史に元号がなかったら、これらの事象をどのように表現したのでしょうか。複数年にわたることがらは干支法では表しづらいことを考えると、その便利さを再確認できることでしょう。

歴史用語	意 味
大化の改新 ▶ 大化（645〜650年）	645年の乙巳の変に始まる中大兄皇子・中臣鎌足らによる一連の政治改革。唐の律令制にならい中央集権国家建設を目指した。「大化」は日本最初の年号。
白鳳文化 ▶ 白雉（650〜654年）	7世紀後半から8世紀初頭、大化の改新から平城遷都にかけて繁栄した文化。「白鳳」は正式な年号ではないものの、後世に「白雉」という年号の別称と理解された。
大宝律令 ▶ 大宝（701〜704年）	文武朝の701年に完成された律令体制の基本法典。まとまった形では残っていないが、平安時代初期に編纂された養老令注解書である『令集解』に断片が伝えられる。
和同開珎 ▶ 和銅（708〜715年）	元明朝の708年に武蔵国から和銅（自然銅）が献上されたことを契機として鋳造された貨幣。銀銭と銅銭がある。
養老律令 ▶ 養老（717〜724年）	藤原不比等が大宝律令を改定して編纂した律令。後に不比等の孫である藤原仲麻呂が施行。養老令はその注釈書『令義解』『令集解』により現在に伝えられる。
天平文化 ▶ 天平（729〜749年）	8世紀中頃の律令国家最盛期、平城京を中心として繁栄した高度な貴族的文化。盛唐期の国際的文化の影響が見られる。「天平」は聖武朝の年号。
延暦寺 ▶ 延暦（782〜806年）	最澄により比叡山に創建された天台宗の総本山。最澄没後に大乗戒壇が設立され、後に仏教教学の中心地となる。「延暦」は桓武朝に長く続いた年号。
弘仁格式 ▶ 弘仁（810〜824年）	嵯峨朝の弘仁年間に、律令の改正法・臨時法や施行細則を編纂した法令集。
承和の変 ▶ 承和（834〜848年）	仁明朝の842年に、藤原良房により伴健岑や橘逸勢らが隠岐や伊豆に配流された、藤原氏の他氏排斥事件。良房の甥の道康親王（後の文武天皇）が皇太子となる。
弘仁貞観文化 ▶ 弘仁（810〜824年） 　〜貞観（859〜877年）	嵯峨朝の弘仁年間、清和朝の貞観年間を中心に繁栄した平安時代初期の文化。晩唐文化の影響により漢詩文・唐風書道が発達。真言宗・天台宗が広まり、密教美術が盛んになる。
『貞観格式』 ▶ 貞観（859〜877年）	清和朝の貞観年間に、律令の改正法・臨時法や施行細則を編纂した法令集。

歴史用語	意味
貞観彫刻 ▶ 貞観 (859〜877年)	清和朝の貞観年間を中心として、平安時代初期に発達した密教的要素の強い彫刻。神秘的で量感があり、一木造や翻波式という波のような衣紋が特徴的。
元慶官田 ▶ 元慶 (877〜885年)	陽成朝の元慶年間に畿内に設置された官営の水田。国が管理して収益を中央財源とした。
仁和寺 ▶ 仁和 (885〜889年)	宇多朝の仁和年間に宇多天皇によって建立された真言宗の寺院。江戸時代の陶工野々村仁清の名前は、仁和寺前に窯を築いた清右衛門に由来する。
寛平の治 ▶ 寛平 (889〜898年)	9世紀末の寛平年間、宇多天皇により行われた改革的政治。関白の藤原基経没後は摂関を置かずに天皇親政が行われたとして、後世に高く評価される。
昌泰の変 ▶ 昌泰 (898〜901年)	醍醐朝の901年に、左大臣藤原時平により右大臣菅原道真が大宰府に左遷された事件。この直後、日本で初めて辛酉革命を理由に「延喜」に改元される。
延喜天暦の治 ▶ 延喜 (901〜923年) 〜天暦 (947〜957年)	10世紀の前半、醍醐朝の延喜年間と村上朝の天暦年間に行われた政治。律令制再建の最後の試みが行われた。摂関を置かず天皇親政が行われ、後世に理想的治世と評価される。
『延喜格式』 ▶ 延喜 (901〜923年)	醍醐朝の延喜年間に、律令の改正法・臨時法や施行細則を編纂した法典。延喜式は現存。弘仁・貞観・延喜格式をまとめて「三代格式」という。
延喜の荘園整理令 ▶ 延喜 (901〜923年)	902年、醍醐天皇の勅により出された最初の荘園整理令。勅旨田を禁止。整理実務を国司が行い、国務を妨げない荘園は認めたので、成果は不十分であった。
承平天慶の乱 ▶ 承平 (931〜938年) 〜天慶 (938〜947年)	朱雀朝の939年に始まった、平将門や藤原純友による地方の戦乱の総称。これを契機に地方武士の実力を中央でも無視できなくなる。
安和の変 ▶ 安和 (968〜970年)	円融朝の969年、源満仲の密告により左大臣源高明が大宰府に左遷された、藤原氏による最後の他氏排斥事件。以後は摂関が常置され、摂関政治全盛期となる。
延久の荘園整理令 ▶ 延久 (1069〜74年)	1069年、後三条天皇の勅により出された荘園整理令。1045年（寛徳2）以後の新立荘園廃止。記録荘園券契所を設けて証拠書類を審査し、摂関家の荘園も整理の対象とした。

歴史用語	意　味
延久の宣旨枡 ▶ 延久（1069〜74年）	延久の荘園整理に際して、後三条天皇が宣旨（天皇の命令を伝える文書）によって定めた公定の枡。
保元の乱 ▶ 保元（1156〜59年）	1156年、鳥羽上皇の死を機に天皇家と摂関家の内部対立が絡んで起きた戦乱。平清盛・源義朝を従えた後白河天皇方が、源為義・平忠正らを従えた崇徳上皇方に勝利した。
『保元物語』 ▶ 保元（1156〜59年）	保元の乱の経緯を叙述した軍記物語。承久の乱前後に成立した。
平治の乱 ▶ 平治（1159〜60年）	1159年、後白河上皇の近臣の藤原通憲と藤原信頼の対立と、武家の棟梁である平清盛と源義朝の対立が絡んで起きた戦乱。義朝が討たれ、平氏が政権を握る契機となる。
平治物語 ▶ 平治（1159〜60年）	平治の乱の経緯を叙述した軍記物語。絵巻の『平治物語絵詞』の巻1（三条殿夜討の巻）は、アメリカのボストン美術館に収蔵されている。
治承寿永の内乱 ▶ 治承（1177〜81年） 〜寿永（1182〜85年）	1180年に始まった源平争乱の総称。1180年の以仁王・源頼政の挙兵に始まり、平氏が滅亡する1185年の壇ノ浦の戦いにいたる。
養和の大飢饉 ▶ 養和（1181〜82年）	1181年の養和元年に始まる大飢饉。源平争乱の時期と重なり、西日本での被害が著しかったため、西国を基盤とする平氏にとっては打撃となった。
寿永二年十月宣旨 ▶ 寿永（1182〜85年）	1183年10月、後白河法皇が源頼朝に対して、年貢納入を条件に東海・東山道諸国の支配権を承認した宣旨（天皇の命令文書）。源義仲の地盤である北陸は除かれた。
建仁寺 ▶ 建仁（1201〜04年）	1202年、鎌倉幕府の将軍源頼家が栄西を開祖として京都に創建した臨済宗寺院。室町時代には京都五山の第3位に置かれる。
承久の乱 ▶ 承久（1219〜22年）	1221年、後鳥羽上皇の北条義時追討令により起きた鎌倉幕府と朝廷間の戦乱。北条泰時と時房は朝廷軍を撃破し、後鳥羽上皇らを隠岐に配流した。乱後、京都に六波羅探題が、没収された朝廷方の領地には新補地頭が置かれた。
貞永式目 ▶ 貞永（1232〜33年）	1232年、北条泰時が定めた最初の武家法典。御成敗式目ともいう。頼朝以来の慣習や判例、武家の道理を基準とする。武家社会にのみ適用され、女性の所領相続を認める。

02　元号を用いた歴史用語

歴史用語	意 味
宝治合戦 ▶ 宝治（1247〜49年）	1247年、北条時頼が外戚の安達氏と結び、有力御家人の三浦泰村を滅ぼした戦乱。三浦一族が滅亡し、残る有力御家人は安達氏のみとなる。
建長寺 ▶ 建長（1249〜56年）	1253年、北条時頼が宋から渡来した禅僧蘭溪道隆を開祖として創建した臨済宗寺院。鎌倉時代には鎌倉五山に選ばれ、室町時代には鎌倉五山第1位に置かれる。
建長寺船 ▶ 建長（1249〜56年）	鎌倉時代に、建長寺修復費用を得るため元に派遣された民間貿易船。1回のみ。
文永の役 ▶ 文永（1264〜75年）	1274年、元と高麗の連合軍が博多湾岸に襲来した戦乱。元軍の集団戦法や火薬を用いた新兵器に苦戦したが、暴風にも助けられて撃退する。
弘安の役 ▶ 弘安（1278〜88年）	1281年、元軍が再び襲来した戦乱。元・高麗連合の東路軍は博多湾岸に、南宋軍中心の江南軍は北九州に襲来したが、御家人らの奮戦や防塁の効果、暴風などにより撃退する。
永仁の徳政令 ▶ 永仁（1293〜99年）	1297年、北条貞時が出した御家人救済令。最初の徳政令。御家人所領の売買や質入れを禁止し、御家人が非御家人や庶民（凡下）に売却した土地は、無条件で取り戻すことを認める。
文保の和談 ▶ 文保（1317〜19年）	1317年、鎌倉幕府の仲介により、持明院統と大覚寺統の対立を解消するために行われた合意。両統が交互に皇位に就く両統迭立により和解が成立したとされる。
『元亨釈書』 ▶ 元亨（1321〜24年）	1322年に臨済僧の虎関師錬が著した日本最初の仏教史書。「釈」は「釈迦」を表す。後醍醐天皇に献上された。
正中の変 ▶ 正中（1324〜26年）	1324年、後醍醐天皇による最初の鎌倉幕府に対する討幕計画。事前に漏れて失敗し、天皇側近の日野資朝が佐渡に配流される。
元弘の変 ▶ 元弘（1331〜34年）	1331年、後醍醐天皇による2回目の討幕計画。密告により露見し、天皇は捕らえられて隠岐に配流されたが、各地で討幕挙兵が続発し、1333年に鎌倉幕府滅亡にいたる。
建武の新政 ▶ 建武（1334〜36年）	1333年に鎌倉幕府が滅亡後、後醍醐天皇の親政により行われた政治。中央には記録所・恩賞方・雑訴決断所・武者所などを設置し、国司と守護を併置した。恩賞に対する武家の不満が大きく、3年足らずで崩壊する。

歴史用語	意味
『建武年中行事』 ▶ 建武（1334〜36年）	後醍醐天皇が著した有職故実書。建武新政の開始にともない、朝廷の儀式の再興を意図して書かれた。
建武式目 ▶ 建武（1334〜36年）	建武の新政崩壊後の1336年、足利尊氏が幕府政治を想定して定めた施政方針。幕府の所在地については、世論に従うべきものとする。
建武以来追加 ▶ 建武（1334〜36年）	貞永式目以後、必要に応じて室町幕府が追加した新令の総称。室町幕府は鎌倉幕府を継承するものであるとして、貞永式目を尊重した。
観応の擾乱 ▶ 観応（1350〜52年）	1350〜52年、北朝方の分裂抗争に南朝勢力が絡んだ全国的争乱。初めは足利尊氏の弟の直義と尊氏の執事高師直が対立。後には尊氏と直義が対立し、直義が毒殺される。観応は北朝側の年号。
『応安新式』 ▶ 応安（1368〜75年）	室町時代初期、関白の二条良基が集大成した連歌の規則集。「応安年間に定められた（連歌の）新しい規則」という意味。応安は北朝側の年号。
明徳の乱 ▶ 明徳（1390〜94年）	1391年、足利義満が山名氏の内紛に介入し、山名氏清を討った戦乱。山名一族は中国地方の11カ国の守護を兼ね、「六分の一殿」と呼ばれていた。
応永の乱 ▶ 応永（1394〜1428年）	1399年、有力守護の大内が室町幕府に対して起こした反乱。義弘は和泉国堺で、足利義満に討たれた。応永年間の将軍は足利義持であるが、父の義満が実権を握っていた。
応永の外寇 ▶ 応永（1394〜1428年）	1419年、倭寇に悩まされた朝鮮が水軍を派遣し、倭寇の根拠地とみなされた対馬を襲った戦乱。対馬の宗氏が撃退したが、日朝貿易は一時的に中断した。
正長の土一揆 ▶ 正長（1428〜29年）	足利義持没後の1428年、義教の将軍就任の前、近江国坂本の馬借の蜂起から始まった畿内一円の土一揆。高利貸しをする寺院が襲撃され、私徳政が行われた。奈良市柳生町に農民が徳政を獲得したとの宣言が刻まれた巨石がある。
永享の乱 ▶ 永享（1429〜41年）	1438年、鎌倉公方の足利持氏と関東管領の上杉憲実の対立を契機に、将軍足利義教が持氏を討伐させた戦乱。これ以後関東では、関東管領上杉氏が実権を握った。
嘉吉の変 ▶ 嘉吉（1441〜44年）	1441年、播磨国の守護赤松満祐が、将軍足利義教を謀殺した事件。この直後に嘉吉の徳政一揆が起きる。

02 元号を用いた歴史用語

歴史用語	意 味
嘉吉の徳政一揆 ▶嘉吉(1441〜44年)	1441年、嘉吉の変で足利義教が殺された直後、将軍の代始の徳政を要求して京都で起きた徳政一揆。幕府はこの時初めて公式に徳政を行う。
享徳の乱 ▶享徳(1452〜55年)	1454年から28年間、古河公方・関東管領上杉氏・堀越公方・関東各地の有力豪族が入り乱れて戦った、関東地方の大乱。後半は応仁文明の乱と時期的に重複する。
応仁文明の乱 ▶応仁(1467〜69年) 〜文明(1469〜87年)	1467年から11年間、足利将軍家の継嗣争い、管領畠山氏と斯波氏の内紛、幕府の実権をめぐる細川氏と山名氏の対立が複雑に絡み、京都を主戦場として行われた大乱。足軽の狼藉により京都が荒廃。下剋上の激化により幕府の権威が失墜して戦国時代となる。
天文法華の乱 ▶天文(1532〜55年)	1536年、延暦寺の僧兵が京都の法華宗寺院を焼き討ちにした事件。法華宗は京都の商人に支持され、法華一揆を形成してしばしば他宗派と対立していた。
天正の石直し ▶天正(1573〜92年)	豊臣秀吉が行った太閤検地の異称。貫高制から収穫量を基準とする石高制へ改め、江戸時代に大名の領地を石高で表示する大名知行制の基礎となる。耕地を上・中・下・下々の4等級に分け、それぞれに標準収穫量の石盛をかけて収穫高を算定する。耕作者が領主に直接掌握され、刀狩りや人掃令とも相まって、兵農分離が促進された。
天正大判 ▶天正(1573〜92年)	1588年に豊臣秀吉が京都の金工、後藤徳乗に鋳造させた大判の金貨。重さは約165g。
天正遣欧使節 ▶天正(1573〜92年)	1582年、イエズス会巡察師ヴァリニャーニの勧めにより、九州のキリシタン大名がローマに派遣した4人の少年使節。9年後に帰国したが、すでにバテレン追放令が出されていた。ローマ字の活字印刷機を日本に伝える。
文禄の役 ▶文禄(1592〜96年)	1592年から豊臣秀吉の命により行われた1回目の朝鮮出兵。大軍が出征したが、明の援軍や李舜臣の亀甲船が奮戦し停戦講和となる。朝鮮では壬辰倭乱と呼ばれる。
慶長の役 ▶慶長(1596〜1615年)	1597年に始まった2回目の朝鮮出兵。日本軍は苦戦を強いられ、講和交渉が決裂したが、秀吉の死を契機に撤退して終了。朝鮮から撤退する際に活字印刷技術が伝わり、連行された朝鮮人陶工たちにより西日本各地で陶磁器の制作が盛んになる。朝鮮では丁酉再乱と呼ばれる。

歴史用語	意味
慶長遣欧使節 ▶ 慶長（1596〜1615年）	1613年、伊達政宗が家臣の支倉常長らを、ノビスパン（メキシコ）・イスパニア経由でローマに派遣した使節。通商を求めたが失敗に終わり、7年後に帰国。
慶長勅版 ▶ 慶長（1596〜1615年）	後陽成天皇が朝鮮伝来の活字印刷技術を用いて出版させた、古典的書物の総称。
元和偃武 ▶ 元和（1615〜24年）	大坂の陣が終わり、豊臣氏滅亡後に平和な時代になったこと。「偃武」とは、武器を伏せて用いないこと。「元和」は家康の命により、唐の年号からとられた。
元和の大殉教 ▶ 元和（1615〜24年）	1622年、長崎でキリスト教徒55名が火刑と斬首によって処刑された事件。女性や幼児も多かった。
寛永寺 ▶ 寛永（1624〜44年）	徳川家光によって創建された天台宗寺院。江戸の鬼門の方角にあって江戸を守護するものと理解され、比叡山延暦寺にならって「東叡山」と号した。
寛永通宝 ▶ 寛永（1624〜44年）	寛永年間以来、江戸末期まで鋳造されたもっとも基本となる銭貨。原則として1枚1文。
寛永文化 ▶ 寛永（1624〜44年）	江戸時代初期、3代将軍徳川家光の頃を中心に繁栄した文化。桃山文化を継承し、幕府・朝廷・大名や上層町衆によって支えられた。
慶安の触書 ▶ 慶安（1648〜52年）	1649年、江戸幕府が農民統制のために発令したとされた触書。実際には幕法ではなかったが、幕法として農民統制に使われた地域があった。
慶安の変 ▶ 慶安（1648〜52年）	1651年、由井正雪を首領とする牢人らが幕府転覆を企てた事件。背景には武断政治による大量の牢人が発生していたことがあり、文治政治に転換する契機となる。
明暦の大火 ▶ 明暦（1655〜58年）	1657年、4代将軍家綱の時に起きた江戸の大火。「振袖火事」ともいう。天守閣を含む江戸城や多数の大名屋敷、市街地の大半が消失した。焼け落ちた天守は以後、再建されていない。
寛文の治 ▶ 寛文（1661〜73年）	4代将軍徳川家綱の時に行われた文治政治。末期養子の禁緩和、殉死の禁止、大名の証人（人質）制廃止などが行われ、政治的には安定していた。

歴史用語	意 味
貞享暦 ▶ 貞享（1684～88年）	徳川綱吉が設けた天文方の初代に就任した渋川春海（安井算哲）が、平安時代以来の宣明暦を改良して完成させた暦。日本人の手による最初の暦となる。
元禄文化 ▶ 元禄（1688～1704年）	17世紀後半から18世紀初頭、将軍徳川綱吉の文治政治の行われた頃に発達した文化。上方を中心として、豪商や武士によって支えられた。現世を肯定的にとらえ、現実主義的傾向が強い。また、儒学・古典研究が盛んとなった。
元禄小判 ▶ 元禄（1688～1704年）	勘定吟味役の荻原重秀の意見により、金の品位（純度）を低くした金貨。貨幣価値が下がったため物価が上がり、次の正徳年間には品位を元に戻した正徳小判が発行されることになる。
正徳の治 ▶ 正徳（1711～16年）	6代将軍徳川家宣、7代将軍家継の頃、新井白石や間部詮房によって行われた政治。財政再建、正徳小判発行、海舶互市新例、朝幕間の融和、朝鮮通信使待遇簡素化などが行われた。
正徳新令 ▶ 正徳（1711～16年）	1715年、長崎貿易制限のために出された幕法。金・銀・銅の海外流出と密貿易防止のため、船数や貿易額を制限する。「海舶互市新例」「長崎新令」とも呼ばれる。
正徳小判 ▶ 正徳（1711～16年）	正徳の治を推進した新井白石が品位の低い元禄小判を改鋳し、本来の品位（約84％）に戻した金貨。
享保の改革 ▶ 享保（1716～36年）	18世紀初め、8代将軍徳川吉宗により推進された幕政改革。財政立て直しのため、倹約令・上米の制・定免法・新田開発を実施した。その他、相対済し令・足高の制・公事方御定書の制定、株仲間の公認、目安箱・小石川養生所・町火消しの設置などの政策を行った。
享保の飢饉 ▶ 享保（1716～36年）	1732年、夏の冷害やウンカなどの虫害により、西日本一帯で起きた大飢饉。天明・天保の飢饉とともに江戸時代の三大飢饉に数えられる。
宝暦の治水 ▶ 宝暦（1751～64年）	1754年から翌年にかけて、幕命により薩摩藩が行った木曽川・長良川・揖斐川の治水工事。幕府役人の妨害や難工事により出費が大幅に増加し、抗議の自殺者や病死者が多く出た。
宝暦事件 ▶ 宝暦（1751～64年）	1758年、神道家の竹内式部が公家に尊皇思想・垂加神道を説き、追放された事件。

歴史用語	意味
明和事件 ▶ 明和（1764〜72年）	1767年、兵学者の山県大弐が『柳子新論』を著し、江戸で尊皇思想を説いたため、謀反の疑いで処刑された事件。宝暦事件の竹内式部も連座して八丈島に配流される途中、三宅島で病没した。
天明の飢饉 ▶ 天明（1781〜89年）	1782年から88年にかけて、長雨や浅間山噴火に起因する冷害により、東日本を中心として起きた大飢饉。松平定信の白河藩では米を備蓄していたため、領内で餓死者が出なかった。
天明調 ▶ 天明（1781〜89年）	18世紀後期の安永年間から天明年間に、与謝蕪村らが蕉風への復帰を唱えたことにより起こった俳風や、大田南畝らによる機知と滑稽に富んだ狂歌の作風。
寛政の改革 ▶ 寛政（1789〜1801年）	1787〜93年、老中松平定信により推進された幕政改革。緊縮財政、商業資本の抑圧、綱紀粛正に尽力。囲米・旧里帰農令などの政策で、天明の大飢饉で疲弊した農村の復興を図った。棄捐令・七分積金・人足寄場など都市対策を強化するほか、出版統制・寛政異学の禁などで風俗や学問の統制も行った。
寛政異学の禁 ▶ 寛政（1789〜1801年）	1790年、幕府の儒官であった柴野栗山の建言による朱子学奨励策。朱子学を正学とし、それ以外の学問（陽明学・古学など）を異学とし、聖堂学問所で教えることを禁止した。
寛政の三博士 ▶ 寛政（1789〜1801年）	聖堂学問所（昌平坂学問所）で朱子学を教授し、異学の禁を推進した3人の朱子学者。柴野栗山・尾藤二洲・岡田寒泉（古賀精里を加えることもある）。
寛政の三奇人 ▶ 寛政（1789〜1801年）	寛政期に活躍した3人の傑出した人物。ロシアに備えて海防の強化を説いた林子平。尊皇思想を全国に説いて歩いた高山彦九郎。天皇陵を調査して尊皇思想を実践した蒲生君平。「前方後円墳」は蒲生君平の造語。
化政文化 ▶ 文化（1804〜18年） 　〜文政（1818〜30年）	19世紀前半の文化・文政の頃に発達した、江戸後期の文化。江戸の一般町人を担い手とする。文学では人情本・滑稽本・合巻のほか、皮肉や風刺のきいた川柳・狂歌などが流行。また浄瑠璃・歌舞伎・浮世絵など、娯楽的な庶民文化が発達。批判精神の強い学問も発達した。
天保の飢饉 ▶ 天保（1830〜44年）	19世紀前半の天保年間に、洪水や冷害により全国的に起きた大飢饉。百姓一揆や打ちこわしが頻発し、大塩平八郎の乱の背景となる。

02　元号を用いた歴史用語

歴史用語	意味
天保の改革 ▶天保（1830〜44年）	1841〜43年、老中水野忠邦によって推進された幕政改革。株仲間解散・上地令・人返しの法・薪水給与令などの政策を行うが、大名や領民らの反対を受け老中を罷免されて断絶した。
天保の薪水給与令 ▶天保（1830〜44年）	1842年、寄港・漂流する外国船には取りあえず薪水を与えるとした対外政策。アヘン戦争での清国敗北を知り、紛争を避けるために異国船打払令を緩和する。
安政の改革 ▶安政（1854〜60年）	1853年（嘉永6）のペリーの黒船来航後、老中阿部正弘によって推進された幕政改革。国防強化のため、海軍伝習所・講武所・洋学所・品川沖台場を設け、大船建造の禁を解除した。
安政の大獄 ▶安政（1854〜60年）	1858〜59年、大老井伊直弼が主導した弾圧事件。将軍継嗣をめぐって対立した一橋派や、条約の無勅許調印に反対した尊攘派が処断される。吉田松陰・橋本左内・頼三樹三郎が処刑され、梅田雲浜は獄死。徳川斉昭・一橋慶喜・松平慶永らが蟄居・謹慎となる。
安政の五カ国条約 ▶安政（1854〜60年）	1858年、幕府が米・蘭・露・英・仏の5カ国と締結した修好通商条約。領事裁判権を承認し関税自主権が欠如する不平等な内容で、無勅許で調印された。
万延小判 ▶万延（1860〜61年）	欧米との貿易開始による金の流出抑制のために発行された小型の金貨。額面は1両でも金の含有量が約3割になったため、貨幣価値が下落して物価騰貴の原因となった。
文久の改革 ▶文久（1861〜64年）	1862年、勅命により行われた幕政改革。徳川慶喜を将軍後見職、松平慶永を政事総裁職、松平容保を京都守護職に任命し、参勤交代を3年1勤とした。
慶応義塾 ▶慶応（1865〜68年）	幕末に福沢諭吉が江戸に開いた蘭学塾に始まる学塾。後に大学令により、慶応義塾大学として日本最初の私立大学となる。
明治維新 ▶明治（1868〜1912年）	江戸幕末の倒幕運動から明治新政府の樹立、さらには新政府による一連の政治改革と、それにともなう経済・社会・文化などの劇的な変革の総称。
明治六年の政変 ▶明治（1868〜1912年）	1873年、征韓論をめぐる政府内部の対立により、征韓派が大挙して辞職した政変。外遊していた岩倉具視・大久保利通・木戸孝允らは内治優先を主張。留守を預かっていた西郷隆盛・板垣退助・江藤新平は征韓を主張して下野する。

歴史用語	意 味
明六社 ▶ 明治（1868〜1912年）	1873年に結成された啓蒙思想家の結社。森有礼・福沢諭吉・中村正直・西周らが参加し、翌年に機関誌として『明六雑誌』を発行した。
明治十四年の政変 ▶ 明治（1868〜1912年）	1881年、国会開設時期や憲法をめぐる政府内部の対立により、伊藤博文と対立した大隈重信が参議を罷免された事件。新聞にスクープされた開拓使官有物払い下げ事件が契機となる。同時に10年後の1890年に国会を開設する勅諭が出された。
明治美術会 ▶ 明治（1868〜1912年）	1889年、洋画を排斥する運動に対抗し、浅井忠らが創設した日本最初の洋画家組織。
明治法律学校 ▶ 明治（1868〜1912年）	1881年に設立されたフランス法学を教授する法律専門学校。後に明治大学と改称された。
大正デモクラシー ▶ 大正（1912〜26年）	大正から昭和初期に広まった、政治・社会・文化における民主主義的風潮。立憲主義・民本主義により、政党政治・労働運動・普選運動・教育運動が進展した。
大正の政変 ▶ 大正（1912〜26年）	1913年、第1次護憲運動により第3次桂内閣が辞職に追い込まれた政変。大衆運動により初めて内閣が倒される。
昭和維新 ▶ 昭和（1926〜89年）	昭和の初期に、軍部の青年将校や国家社会主義者が、財閥や政党政治を退け、天皇親政による国家改造を唱えた標語。五・一五事件、二・二六事件などの思想的背景となる。
昭和恐慌 ▶ 昭和（1926〜89年）	1930年、世界恐慌の余波と金解禁失敗を契機として発生した恐慌。米価や繭価が暴落し、農村では農業恐慌となる。
平成不況 ▶ 平成（1989〜2019年）	1991年のバブル景気崩壊後、その反動として始まった不況。2000年までの不況期間は、「失われた10年」とも呼ばれる。

02 元号を用いた歴史用語

3 元号一覧

※天皇、摂政・関白、将軍、執権の在任期間は角川新版日本史辞典（角川書店）の付録を参照した。総理大臣については首相官邸HPを参照した。

時代	年号	読み仮名	開始	終了	天皇	政権を担当した者
飛鳥時代	大化	たいか	645	650	孝徳	中大兄皇子
	白雉	はくち	650	654	孝徳	
	〈年号が使用されなかった時期〉					
	朱鳥	しゅちょう	686	686	天武	
	〈年号が使用されなかった時期〉					
	大宝	たいほう	701	704	文武	
	慶雲	けいうん	704		文武	
				708	元明	
	和銅	わどう	708	715	元明	
奈良時代	霊亀	れいき	715	717	元正	
	養老	ようろう	717	724	元正	
	神亀	じんき	724	729	聖武	
	天平	てんぴょう	729	749	聖武	
	天平感宝	てんぴょうかんぽう	749	749	聖武	
	天平勝宝	てんぴょうしょうほう	749	757	孝謙	
	天平宝字	てんぴょうほうじ	757		孝謙	
					淳仁	
				765	称徳	
	天平神護	てんぴょうじんご	765	767	称徳	
	神護景雲	じんごけいうん	767	770	称徳	
	宝亀	ほうき	770	780	光仁	
	天応	てんおう	781	782	桓武	
	延暦	えんりゃく	782	806	桓武	
平安時代	大同	だいどう	806		平城	
				810	嵯峨	
	弘仁	こうにん	810		嵯峨	
				824	淳和	
	天長	てんちょう	824		淳和	
				834	仁明	
	承和	じょうわ	834	848	仁明	
	嘉祥	かしょう	848		仁明	
				851	文徳	
	仁寿	にんじゅ	851	854	文徳	
	斎衡	さいこう	854	857	文徳	

時代	年号	読み仮名	開始	終了	天皇	政権を担当した者
平安時代	天安	てんあん	857		文徳	
				859	清和	
	貞観	じょうがん	859		清和	藤原良房
				877	陽成	藤原基経
	元慶	がんぎょう	877		陽成	藤原基経
				885	光孝	
	仁和	にんな	885		光孝	
				889	宇多	
	寛平	かんぴょう	889		宇多	
				898	醍醐	
	昌泰	しょうたい	898	901	醍醐	
	延喜	えんぎ	901	923	醍醐	
	延長	えんちょう	923		醍醐	
				931	朱雀	藤原忠平
	承平	じょうへい	931	938	朱雀	
	天慶	てんぎょう	938		朱雀	藤原忠平
				947	村上	
	天暦	てんりゃく	947	957	村上	(摂政・関白)
	天徳	てんとく	957	961	村上	
	応和	おうわ	961	964	村上	
	康保	こうほう	964		村上	
				968	冷泉	
	安和	あんな	968		冷泉	藤原実頼
				970	円融	
	天禄	てんろく	970	973	円融	藤原伊尹
	天延	てんえん	973	976	円融	藤原兼通
	貞元	じょうげん	976	978	円融	
	天元	てんげん	978	983	円融	藤原頼忠
	永観	えいかん	983		円融	
				985	花山	
	寛和	かんな	985		花山	藤原兼家
				987	一条	
	永延	えいえん	987	989	一条	藤原兼家
	永祚	えいそ	989	990	一条	
	正暦	しょうりゃく	990	995	一条	藤原道隆
	長徳	ちょうとく	995	999	一条	藤原道兼
	長保	ちょうほう	999	1004	一条	
	寛弘	かんこう	1004		一条	
				1012	三条	
	長和	ちょうわ	1012		三条	
				1017	後一条	藤原道長

03 元号一覧

時代	年号	読み仮名	開始	終了	天皇	政権を担当した者
平安時代	寛仁	かんにん	1017	1021	後一条	藤原頼通
	治安	じあん	1021	1024	後一条	
	万寿	まんじゅ	1024	1028	後一条	
	長元	ちょうげん	1028		後一条	
				1037	後朱雀	
	長暦	ちょうりゃく	1037	1040	後朱雀	
	長久	ちょうきゅう	1040	1044	後朱雀	
	寛徳	かんとく	1044		後朱雀	（摂政・関白）
				1046	後冷泉	
	永承	えいしょう	1046	1053	後冷泉	
	天喜	てんぎ	1053	1058	後冷泉	
	康平	こうへい	1058	1065	後冷泉	
	治暦	ちりゃく	1065		後冷泉	藤原教通
				1069	後三条	
	延久	えんきゅう	1069		後三条	
				1074	白河	
	承保	じょうほう	1074	1077	白河	藤原師実
	承暦	じょうりゃく	1077	1081	白河	
	永保	えいほう	1081	1084	白河	
	応徳	おうとく	1084		白河	
				1087	堀河	白河上皇
	寛治	かんじ	1087	1094	堀河	
	嘉保	かほう	1094	1096	堀河	
	永長	えいちょう	1096	1097	堀河	
	承徳	じょうとく	1097	1099	堀河	
	康和	こうわ	1099	1104	堀河	
	長治	ちょうじ	1104	1106	堀河	
	嘉承	かしょう	1106		堀河	
				1108	鳥羽	
	天仁	てんにん	1108	1110	鳥羽	
	天永	てんえい	1110	1113	鳥羽	（院政）
	永久	えいきゅう	1113	1118	鳥羽	
	元永	げんえい	1118	1120	鳥羽	
	保安	ほうあん	1120		崇徳	
				1124	崇徳	
	天治	てんじ	1124	1126	崇徳	
	大治	だいじ	1126	1131	崇徳	鳥羽上皇
	天承	てんしょう	1131	1132	崇徳	
	長承	ちょうしょう	1132	1135	崇徳	
	保延	ほうえん	1135	1141	崇徳	
	永治	えいじ	1141	1142	近衛	
	康治	こうじ	1142	1144	近衛	
	天養	てんよう	1144	1145	近衛	

134

03 元号一覧

時代	年号	読み仮名	開始	終了	天皇	政権を担当した者
平安時代	久安	きゅうあん	1145	1151	近衛	(院政) 後白河上皇
	仁平	にんぴょう	1151	1154	近衛	
	久寿	きゅうじゅ	1154		近衛	
				1156	後白河	
	保元	ほうげん	1156		後白河	
				1159	二条	
	平治	へいじ	1159	1160	二条	
	永暦	えいりゃく	1160	1161	二条	
	応保	おうほう	1161	1163	二条	
	長寛	ちょうかん	1163	1165	二条	
	永万	えいまん	1165	1166	六条	
	仁安	にんあん	1166		六条	
				1169	高倉	
	嘉応	かおう	1169	1171	高倉	
	承安	じょうあん	1171	1175	高倉	
	安元	あんげん	1175	1177	高倉	
	治承	じしょう	1177		高倉	(武家政権) 平清盛
				1181	安徳	
	養和	ようわ	1181	1182	安徳	
	寿永	じゅえい	1182		安徳	
				1185	後鳥羽	
	元暦	げんりゃく	1184	1185)	後鳥羽	
鎌倉時代	文治	ぶんじ	1185	1190	後鳥羽	将軍　源頼朝
	建久	けんきゅう	1190		後鳥羽	
				1199	土御門	
	正治	しょうじ	1199	1201	土御門	
	建仁	けんにん	1201		土御門	将軍　源頼家
				1204	土御門	将軍　源実朝
	元久	げんきゅう	1204	1206	土御門	執権　北条義時
	建永	けんえい	1206	1207	土御門	
	承元	じょうげん	1207		土御門	(鎌倉幕府)
				1211	順徳	
	建暦	けんりゃく	1211	1213	順徳	
	建保	けんほう	1213	1219	順徳	
	承久	じょうきゅう	1219		順徳	
					仲恭	
				1222	後堀河	
	貞応	じょうおう	1222	1224	後堀河	
	元仁	げんにん	1224	1225	後堀河	執権　北条泰時
	嘉禄	かろく	1225	1227	後堀河	
	安貞	あんてい	1227	1229	後堀河	
	寛喜	かんぎ	1229	1232	後堀河	
	貞永	じょうえい	1232	1233	四条	

135

時代	年号	読み仮名	開始	終了	天皇	政権を担当した者
鎌倉時代	天福	てんぷく	1233	1234	四条	(鎌倉幕府・執権政治)
	文暦	ぶんりゃく	1234	1235	四条	
	嘉禎	かてい	1235	1238	四条	
	暦仁	りゃくにん	1238	1239	四条	
	延応	えんおう	1239	1240	四条	
	仁治	にんじ	1240		四条	
				1243	後嵯峨	北条経時
	寛元	かんげん	1243		後嵯峨	
				1247	後深草	北条時頼
	宝治	ほうじ	1247	1249	後深草	
	建長	けんちょう	1249	1256	後深草	
	康元	こうげん	1256	1257	後深草	
	正嘉	しょうか	1257	1259	後深草	北条長時
	正元	しょうげん	1259	1260	亀山	
	文応	ぶんおう	1260	1261	亀山	
	弘長	こうちょう	1261	1264	亀山	
	文永	ぶんえい	1264		亀山	北条政村
				1275	後宇多	北条時宗
	建治	けんじ	1275	1278	後宇多	
	弘安	こうあん	1278		後宇多	北条貞時
				1288	伏見	
	正応	しょうおう	1288	1293	伏見	
	永仁	えいにん	1293		伏見	
				1299	後伏見	
	正安	しょうあん	1299		後伏見	
				1302	後二条	北条師時
	乾元	けんげん	1302	1303	御二条	
	嘉元	かげん	1303	1306	御二条	
	徳治	とくじ	1306	1308	御二条	
	延慶	えんきょう	1308	1311	花園	
	応長	おうちょう	1311	1312	花園	大仏宗宣
	正和	しょうわ	1312	1317	花園	北条熙時
					花園	北条基時
	文保	ぶんぽう	1317		花園	北条高時
				1319	後醍醐	
	元応	げんおう	1319	1321	後醍醐	
	元亨	げんこう	1321	1324	後醍醐	
	正中	しょうちゅう	1324	1326	後醍醐	
	嘉暦	かりゃく	1326	1329	後醍醐	赤橋守時
	元徳	げんとく	1329	1331	後醍醐	
	元弘	げんこう	1331	1334	後醍醐*	
	正慶	しょうきょう	1332	1334	光厳*	

＊鎌倉末期の混乱で２つの年号が並立した

時代	年号	読み仮名	開始	終了	天皇	政権を担当した者
	建武	けんむ	1334	1336	後醍醐	
南朝	延元	えんげん	1336	1340	後醍醐	
	興国	こうこく	1340		後醍醐	
				1346	後村上	
	正平	しょうへい	1346		後村上	
				1370	長慶	
	建徳	けんとく	1370	1372	長慶	
	文中	ぶんちゅう	1372	1375	長慶	
	天授	てんじゅ	1375	1381	長慶	
	弘和	こうわ	1381		長慶	
				1384	後亀山	
	元中	げんちゅう	1384	1392	後亀山	
室町時代 北朝	暦応	りゃくおう	1338	1342	光明	足利尊氏
	康永	こうえい	1342	1345	光明	
	貞和	じょうわ	1345		光明	
				1350	崇光	
	観応	かんのう	1350	1352	崇光	
	文和	ぶんな	1352	1356	後光厳	
	延文	えんぶん	1356		後光厳	
				1361	後光厳	足利義詮
	康安	こうあん	1361	1362	後光厳	
	貞治	じょうじ	1362	1368	後光厳	
	応安	おうあん	1368		後光厳	足利義満
				1375	後円融	
	永和	えいわ	1375	1379	後円融	
	康暦	こうりゃく	1379	1381	後円融	
	永徳	えいとく	1381		後円融	
				1384	後小松	
	至徳	しとく	1384	1387	後小松	
	嘉慶	かきょう	1387	1389	後小松	
	康応	こうおう	1389	1390	後小松	
	明徳	めいとく	1390	1394	後小松	
	応永	おうえい	1394		後小松	足利義持
				1428	称光	足利義量
	正長	しょうちょう	1428	1429	後花園	
	永享	えいきょう	1429	1441	後花園	足利義教
	嘉吉	かきつ	1441	1444	後花園	足利義勝
	文安	ぶんあん	1444	1449	後花園	
	宝徳	ほうとく	1449	1452	後花園	足利義政
	享徳	きょうとく	1452	1455	後花園	
	康正	こうしょう	1455	1457	後花園	
	長禄	ちょうろく	1457	1460	後花園	

(室町幕府)

03 元号一覧

137

時代	年号	読み仮名	開始	終了	天皇	政権を担当した者
室町時代	寛正	かんしょう	1460		後花園	
				1466	後土御門	
	文正	ぶんしょう	1466	1467	土御門	
安土・桃山時代	応仁	おうにん	1467	1469	土御門	
	文明	ぶんめい	1469		土御門	足利義尚
				1487	土御門	
	長享	ちょうきょう	1487	1489	土御門	
	延徳	えんとく	1489	1492	土御門	足利義稙
	明応	めいおう	1492		土御門	
				1501	後柏原	足利義澄
	文亀	ぶんき	1501	1504	後柏原	(室町幕府)
	永正	えいしょう	1504	1521	後柏原	
	大永	だいえい	1521		後柏原	足利義晴
				1528	後奈良	
	享禄	きょうろく	1528	1532	後奈良	
	天文	てんぶん	1532		後奈良	
				1555	後奈良	足利義輝
	弘治	こうじ	1555		後奈良	
				1558	正親町	
	永禄	えいろく	1558		正親町	
					正親町	足利義栄
				1570	正親町	足利義昭
	元亀	げんき	1570	1573	正親町	
	天正	てんしょう	1573		正親町	織田信長
				1592	後陽成	豊臣秀吉
	文禄	ぶんろく	1592	1596	後陽成	(織豊政権)
江戸時代	慶長	けいちょう	1596		後水尾	
					後水尾	徳川家康
				1615	後水尾	徳川秀忠
	元和	げんな	1615		後水尾	
				1624	後水尾	徳川家光
	寛永	かんえい	1624		後水尾	
					明正	
				1644	後光明	(江戸幕府)
	正保	しょうほう	1644	1648	後光明	
	慶安	けいあん	1648		後光明	
				1652	後光明	徳川家綱
	承応	じょうおう	1652		後光明	
				1655	後西	
	明暦	めいれき	1655	1658	後西	
	万治	まんじ	1658	1661	後西	
	寛文	かんぶん	1661		後西	
				1673	霊元	

138

時代	年号	読み仮名	開始	終了	天皇	政権を担当した者
江戸時代	延宝	えんぽう	1673		霊元	
				1681	霊元	徳川綱吉
	天和	てんな	1681	1684	霊元	
	貞享	じょうきょう	1684		霊元	
				1688	東山	
	元禄	げんろく	1688	1704	東山	
	宝永	ほうえい	1704		東山	
				1711	中御門	徳川家宣
	正徳	しょうとく	1711		中御門	
				1716	中御門	徳川家継
	享保	きょうほう	1716		中御門	徳川吉宗
				1736	桜町	
	元文	げんぶん	1736	1741	桜町	
	寛保	かんぽう	1741	1744	桜町	
	延享	えんきょう	1744		桜町	
				1748	桃園	徳川家重
	寛延	かんえん	1748	1751	桃園	
	宝暦	ほうれき	1751		桃園	
				1764	後桜町	徳川家治
	明和	めいわ	1764		後桜町	
				1772	後桃園	
	安永	あんえい	1772		後桃園	
				1781	光格	
	天明	てんめい	1781		光格	
				1789	光格	徳川家斉
	寛政	かんせい	1789	1801	光格	
	享和	きょうわ	1801	1804	光格	
	文化	ぶんか	1804		光格	
				1818	仁孝	
	文政	ぶんせい	1818	1830	仁孝	
	天保	てんぽう	1830		仁孝	
				1844	仁孝	徳川家慶
	弘化	こうか	1844		仁孝	
				1848	孝明	
	嘉永	かえい	1848		孝明	
				1854	孝明	徳川家定
	安政	あんせい	1854		孝明	
				1860	孝明	徳川家茂
	万延	まんえん	1860	1861	孝明	
	文久	ぶんきゅう	1861	1864	孝明	
	元治	げんじ	1864	1865	孝明	
	慶応	けいおう	1865		孝明	
				1868	孝明	徳川慶喜

(江戸幕府)

03 元号一覧

139

時代	年号	読み仮名	開始	終了	天皇	政権を担当した者	
明治	明治	めいじ	1868		明治	（総理大臣）	
					明治	1885 - 1888	伊藤博文
					明治	1888 - 1889	黒田清隆
					明治	1889 - 1891	山県有朋
					明治	1891 - 1892	松方正義
					明治	1898	伊藤博文
					明治	1898	大隈重信
					明治	1898 - 1900	山県有朋
					明治	1900 - 1901	伊藤博文
					明治	1901 - 1906	桂太郎
					明治	1906 - 1908	西園寺公望
					明治	1908 - 1911	桂太郎
					明治	1898 - 1900	伊藤博文
					明治	1908 - 1911	桂太郎
				1912	明治	1911 - 1912	西園寺公望
大正	大正	たいしょう	1912		大正	1912 - 1913	桂太郎
					大正	1913 - 1914	山本権兵衛
					大正	1914 - 1916	大隈重信
					大正	1916 - 1918	寺内正毅
					大正	1918 - 1921	原敬
					大正	1921 - 1922	高橋是清
					大正	1922 - 1923	加藤友三郎
					大正	1923 - 1925	山本権兵衛
					大正	1924	清浦奎吾
					大正	1924 - 1926	加藤高明
					大正	1926 - 1927	若槻礼次郎
					大正	1927 - 1929	田中義一
					大正	1929 - 1931	浜口雄幸
				1926	大正	1931	若槻礼次郎
昭和	昭和	しょうわ	1926		昭和	1931 - 1932	犬養毅
					昭和	1932 - 1934	斎藤実
					昭和	1934 - 1936	岡田啓介
					昭和	1936 - 1937	広田弘毅
					昭和	1937	林銑十郎
					昭和	1937 - 1939	近衛文麿
					昭和	1939	平沼騏一郎
					昭和	1939 - 1940	阿部信行
					昭和	1940	米内光政
					昭和	1940 - 1941	近衛文麿
					昭和	1941 - 1944	東条英機
					昭和	1944 - 1945	小磯国昭
					昭和	1945	鈴木貫太郎

時代	年号	読み仮名	開始	終了	天皇		政権を担当した者
昭和	昭和	しょうわ			昭和	1945	東久邇宮稔彦
					昭和	1945 - 1946	幣原喜重郎
					昭和	1946 - 1947	吉田茂
					昭和	1947 - 1948	片山哲
					昭和	1948	芦田均
					昭和	1948 - 1954	吉田茂
					昭和	1954 - 1956	鳩山一郎
					昭和	1956 - 1957	石橋湛山
					昭和	1957 - 1960	岸信介
					昭和	1960 - 1964	池田勇人
					昭和	1964 - 1972	佐藤栄作
					昭和	1972 - 1974	田中角栄
					昭和	1974 - 1976	三木武夫
					昭和	1976 - 1978	福田赳夫
					昭和	1978 - 1980	大平正芳
					昭和	1980 - 1982	鈴木善幸
					昭和	1982 - 1987	中曽根康弘
				1989	昭和	1987 - 1989	竹下登
平成	平成	へいせい	1989		平成	1989	竹下登
					平成	1989	宇野宗佑
					平成	1989 - 1991	海部俊樹
					平成	1991 - 1993	宮沢喜一
					平成	1993 - 1994	細川護熙
					平成	1994	羽田孜
					平成	1994 - 1996	村山富市
					平成	1996 - 1998	橋本竜太郎
					平成	1998 - 2000	小渕恵三
					平成	2000 - 2001	森喜朗
					平成	2001 - 2006	小泉純一郎
					平成	2006 - 2007	安倍晋三
					平成	2007 - 2008	福田康夫
					平成	2008 - 2009	麻生太郎
					平成	2009 - 2010	鳩山由紀夫
					平成	2010 - 2011	菅直人
					平成	2011 - 2012	野田佳彦
				2019	平成	2012 - 2019	安倍晋三
令和	令和	れいわ	2019		今上	2019	安倍晋三

03 元号一覧

4 天皇系図

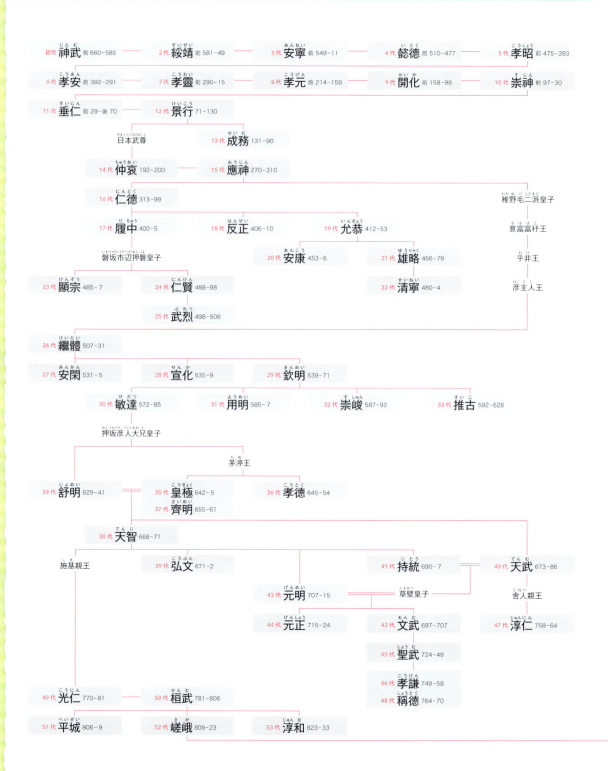

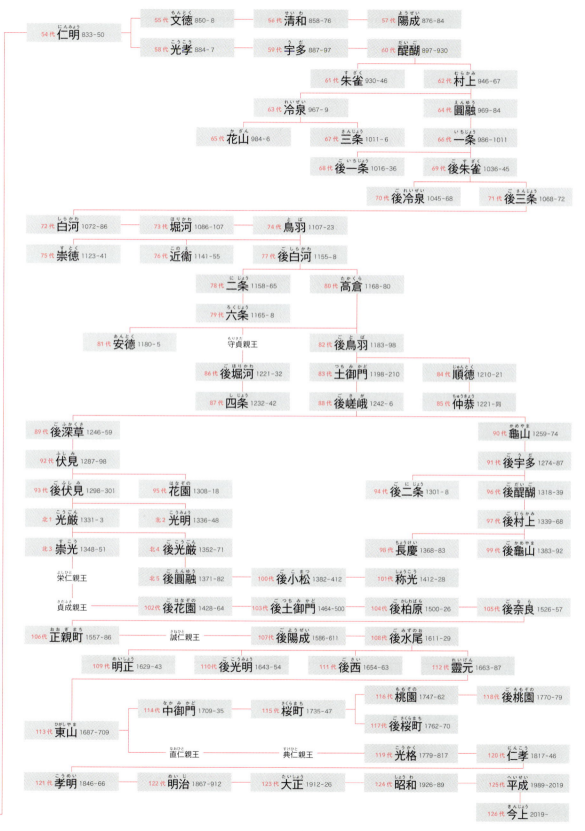

04 天皇系図

※傍の数字は在位年。記載は原則として宮内庁が公表している天皇系図に基づく。

■ 執筆・監修：阿部 泉（あべ いずみ）
1950年（昭和25）山形県鶴岡市生まれ，1975年國學院大學大學院日本文学研究科修士課程修了，1978年以来，埼玉県立高校教諭を勤め，2010年に定年退職。その間，地歴科実物教材の普及と活用に尽力。現在は主に和歌の歳時記や伝統的年中行事について研究。著書として，『文学作品で学ぶ日本史』『日本史こぼれ話』（以上山川出版社），『日本史モノ教材』『複製 解体新書・序図』『イギリスの新聞にのった薩英戦争と下関戦争』（以上地歴社），『日本の歴史写真解説』『日本史歴史レプリカⅠ・Ⅱ』『謎トキ 日本史 写真・絵画が語る歴史』『日本史授業で使いたい教材資料』『話したくなる 世界の国旗』（以上清水書院），『京都名所図絵』『和歌の自然歳時記』（以上つくばね舎）ほか多数。

■ 参考文献
『元号と日本人 元号の付いた事件・出来事でたどる日本の歴史』宮瀧交二監修　プレジデント社（2019年）
『天皇と元号の大研究 日本の歴史と伝統を知ろう』高森明勅監修　PHP研究所（2018年）
『元号・年号から読み解く日本史』所 功著　文春新書（2018年）
『元号 全247総覧』山本博文編著　悟空出版（2017年）
『年号の歴史 元号制度の史的研究』所 功著　雄山閣出版（1996年）

■ 作画
表紙・マンガ・キャラクター：七味屋
人物：ほづみりや
イラスト：士由

■ 写真提供
朝日新聞社／アフロ／国立国会図書館／山下暢之／
ユニフォトプレス／photolibrary／PIXTA

定価はカバーに表示

明日話したくなる　元号・改元
あした　はな　　　げんごう　かいげん

2019年（令和元年）5月20日　初版発行

執筆・監修　阿部　泉
発行者　　　野村久一郎

発行所　　株式会社　清水書院
　　　　　東京都千代田区飯田橋 3-11-6　〒102-0072
　　　　　電話　　（03）5213-7151
　　　　　振替口座　00130-3-5283
装　丁　　CCK
印刷所　　広研印刷（株）

●落丁・乱丁本はお取り換えいたします。
本書の無断複写は著作権法上での例外を除き禁じられています。複写される場合は，そのつど事前に，（社）出版社著作権管理機構（電話 03-5244-5088，FAX 03-5244-5089，e-mail：info@jcopy.or.jp）の許諾を得てください。

Printed in Japan　　ISBN978-4-389-50094-8